Josie Richwood

Feuchte Geilheit

Erotische Geschichten

Blue Panther Books

BLUE PANTHER BOOKS TASCHENBUCH
BAND 2855
1. AUFLAGE: AUGUST 2024
2. AUFLAGE: DEZEMBER 2024
3. AUFLAGE: FEBRUAR 2025
4. AUFLAGE: JULI 2025
5. AUFLAGE: DEZEMBER 2025

VOLLSTÄNDIGE TASCHENBUCHAUSGABE
ORIGINALAUSGABE

LEKTORAT: DIVERSE

COVER:
© ALEXTORB @ 123RF.COM
UMSCHLAGGESTALTUNG: MT DESIGN
GESETZT IN DER TRAJAN PRO UND ADOBE GARAMOND PRO

PRINTED IN POLAND
ISBN 978-3-7561-5457-9
WWW.BLUE-PANTHER-BOOKS.DE

HERSTELLER: BLUE PANTHER BOOKS OHG
OSTERFELDSTRASSE 12-14 | 22529 HAMBURG | DEUTSCHLAND
E-MAIL: INFO@BLUE-PANTHER-BOOKS.DE

INHALT

Scharfe Pannenhilfe

Sie war in der gottverlassenen Wildnis und das schon seit Stunden. Ihr Navi reagierte nicht mehr und selbst ihr GPS-Empfang auf dem Handy war gestört. Aber irgendwann musste diese verdammte Landstraße ja enden.

Doch statt auf Zivilisation stieß sie nur auf ein Meer aus Nadelbäumen, die von Weitem wirkten, als wäre der erste Schnee gefallen. Aber es war nur die Dämmerung, die die Szenerie in einen unschönen Nebel in der Ferne tauchte.

Silvi fluchte. Energisch schlug sie auf das Lenkrad. Warum musste sie auch unbedingt eine Abkürzung nach Hause nehmen! Die Abkürzung schien zu mehr als einem Umweg zu werden.

Sie drückte ihren Rücken fest gegen den Sitz. Er schmerzte von der langen Fahrt. Doch ihr Blick in den Spiegel rief ihr Lächeln zurück. Sie schob die Unterlippe vor und fuhr sich durch ihr langes Haar. Immerhin war ihr Ausflug ein voller Erfolg gewesen. Während andere Ladys das Shoppen vorzogen, hatte sie die größte Do-it-yourself-Messe besucht und mehr als ein paar Anregungen mitgenommen. Sie war stolz auf ihr heimwerkliches Geschick und vor allem auf ihre unlackierten, kurz geschnittenen Nägel.

Doch sofort erstarb ihr Lächeln wieder.

»Verdammt!«

Sie schaute nervös auf das Armaturenbrett. Eine Leuchte blinkte auf. Und zugleich sank auch ihre Euphorie, alles selbst erledigen zu können, was sich ihr in den Weg stellte. Von Autos verstand sie gar nichts, rein gar nichts.

Das Licht erlosch wieder.

»Glück muss man haben«, säuselte sie und lenkte den Wagen forsch in eine Kurve.

Doch auch nach dem Berghang, den sie umfuhr, warteten nur weitere Tannen.

»Wo zum Teufel bin ich?«

Zischend hob sie ihr Handy, doch wie das Navigationsgerät, hatte es jeglichen Kontakt zu einem Sender verloren.

»Prärie! Gottverdammte Prärie!«

Das Licht leuchtete wieder auf. Silvis Herz schlug schneller, während sie angestrengt auf die Lampe starrte.

»Motor?«

Sie erinnerte sich daran, dass man ihr mal gesagt hatte, dass es zu einem Motorschaden kommen kann, wenn man weiterfährt, wenn eine gewisse Lampe leuchtete. War es diese?

»Sicher gleich wieder weg«, sprach sie sich selbst gut zu.

Doch die Lampe erlosch nicht.

Silvi drosselte das Tempo. Sie prüfte die Umgebung. Dort drüben gab der Wald einen Weg frei. Dort konnte sie gut parken. Es wurde holprig, als sie die Landstraße verließ. Sie hielt auf dem Platz und stellte den Motor ab.

»Vielleicht braucht er nur eine kleine Pause«, hoffte sie. »Wie ich auch.«

Sie stieg aus. Es war frisch und man konnte sich echt bessere Orte vorstellen, um sich die Beine zu vertreten. Die hohen Tannen gaben dem Platz etwas Erdrückendes. Sie wirkten fade und grau in diesem tristen Herbst.

Sie holte tief Luft. Trotz der Kühle war ihre Bluse nass. Sie gähnte und ging einmal um den Wagen herum. Dann stieg sie wieder ein und drehte den Zündschlüssel. Er startete, doch die Lampe leuchtete noch immer. Der Wagen stotterte. Er stotterte enorm und ruckartig. Erschrocken zog Silvi den Schlüssel ab.

»Verdammt!«

Sie nahm ihr Handy, doch sie hatte null Empfang. Sie stieg wieder aus und hielt es in die Luft. Manchmal hilft ja der altbewährte Trick. Vergeblich.

»Och Leute! Warum ich? Warum hier?«

Wer sollte sie hier in dieser gottverlassenen Einöde finden? Ihr ging durch den Kopf, wie viele Meilen sie auf der Straße zurückgelegt hatte. Sollte sie diesen ganzen Weg zurückmarschieren? Noch einmal startete sie den Motor. Stottern und das verhängnisvolle Licht.

Doch plötzlich hörte sie etwas. War das ein Auto? Sofort sprang Silvi auf. Scheinwerfer! Da kam tatsächlich jemand!

»Oh Gott sei Dank!«, rief sie.

Sie stellte sich an den Straßenrand und fuchtelte wild mit den Armen.

Ein schwarzer Jeep kam auf sie zu. Er hielt.

»Oh danke!«, rief Silvi ins Leere.

Der Fahrer stieg aus.

Wow! Silvi schluckte. Sie war in Not geraten und zur Hilfe kam ihr ausgerechnet der Typ ihrer heißesten Träume. Er hatte dunkelblondes Haar, breite Schultern und einen leicht sonnengebräunten Teint. Silvi schmunzelte. Er trug fast die gleiche Hose wie sie. Ein Typ mit Geschmack. Sie liebte diese lässigen Navy-Nachbildungen mit den vielen Taschen. Irritiert stieg ihr Retter aus und wunderte sich über ihr Schmunzeln.
»Autopanne?« Seine Stimme war tief.

Er lächelte und um seinen Mund herum formten sich kleine Grübchen.

»Es sieht ganz danach aus«, schnaubte Silvi. »Er stottert und eine Lampe blinkt.«

»Das hört sich nicht gut an. Darf ich?«, fragte er und deutete auf den Wagen.

Er ging voraus. Peinlich errötet starrte sie auf seinen Hintern. Ob ihrer auch so knackig aussah in der Hose? Nervös rieb sie über ihre Lippen. Obwohl es so frisch war, trug ihr Helfer in der Not nur ein Achselshirt. Seine Muskeln waren durchaus sehenswert. Starke Arme machten Silvi schon immer schwach.

Er stieg ein und drehte den Zündschlüssel. Bestätigend stotterte der Wagen und gab alles. Ihr Retter betätigte einen Schalter. Die Motorhaube bewegte sich.

Lächelnd stieg er wieder aus. Er fing Silvis prüfenden Blick ein. Sie erwiderte sein Lächeln. Ihr Herz schlug schneller.

Er öffnete die Motorhaube und stellte sie auf. Prüfend wanderte sein Blick über den Innenraum. Silvi trat neben ihn.

»Klare Sache«, sagte er.

»Ich kann weiterfahren?«, fragte sie hoffnungsvoll.

»Nein. Tut mir leid. Die Zündung, die Zündkerzen wollen nicht mehr. Schau hier!«

Silvi beugte sich vor. Sie sah rein gar nichts. Er löste irgendeine Box. *So ein Mist!* Silvi schwitzte. Energisch zerrte sie ihre Bluse vom Körper. Ihr ärmelloses Shirt glich seinem.

»Bist du Mechaniker?«, fragte sie.

»Nein, ein Mann«, konterte er und fing Silvis Blick auf.

Sie schluckte. »Ich sehe rein gar nichts«, sagte sie.

Und plötzlich spürte sie seine Hand auf ihrem Hintern. *Hoppla!* Das war ihr ja noch nie passiert. Sie kostete den Moment aus und tat, als würde sie weiter die erklärte Ursache suchen.

»Mit dem Wagen kommst du nicht mehr weiter«, sagte er.

»Und ich habe schon eine so lange Fahrt hinter mir«, jammerte Silvi.

Sie behielt ihre Stellung bei. Seine Hand war unendlich warm, groß, breit.

»Hm … und nun?«, fragte er.

Sein Tonfall klang weicher. Er rieb über ihren Po.

Silvi drehte sich um. Er trat vor sie, für einen Fremden deutlich zu nah. Sie konnte sehen, wie seine Halsschlagader bebte. Er kam dichter. Ihre Körper berührten sich bereits.

»Wie hat es dich in diese verlassene Gegend verschlagen?«

Er strich durch Silvis blondes Haar, das am Ende in lila

Strähnen verlief. Sie schluckte, während er seine Faszination für ihre verrückte Farbzusammenstellung entdeckte.

»Ich war auf eine Messe«, sagte sie.

»Eine Messe, ja?«

Er senkte seinen Kopf und roch an ihrem Haar. Er ließ seine Lippen auf ihrem Haupt ruhen.

»Was für eine Messe?«

»Do-it-yourself«, gab Silvi knapp zurück.

Das Atmen viel ihr schwerer.

»Hat wohl nicht viel geholfen, oder?«, zog er sie auf und wickelte eine Strähne auf seinen Finger.

Silvi schmunzelte. »Man kann nicht alles können.«

Sein Blick wanderte über ihr Dekolleté. Er verzog den Mund und lächelte dann. Ihr perfektes Achselshirt gab nichts frei.

»Schade, was?«, zog sie ihn auf und gab ihm zu verstehen, dass sie seine Gedanken gelesen hatte.

Er nickte. »Sehr schade.«

Er seufzte. »Aber du hast ein Problem. Wenn ich dich nicht mitnehme, versauerst du hier draußen.«

Er strich mit einer Fingerkuppe an Silvis Hals entlang.

»Manchmal ist das gar keine so schlechte Idee«, konterte sie forsch.

Er hob die Brauen und lächelte. »Nein?«, flüsterte er.

Seine Hand fuhr über Silvis Busen. Sein Blick gab ihr zu verstehen, dass er Genugtuung empfand. Die hilflose Lady trug keinen BH! Und sofort wurde sein zartes Streicheln mit harten Knöpfen belohnt.

»Ist das dein Hobby, die endlose Straße entlangzufahren und darauf zu warten, dass ein Kaninchen in deine Falle gerät?«, neckte sie ihn.

»He, das ist nicht fair!«, gab er zurück. »Dein Auto hat dich im Stich gelassen. Ich nutze nur die Gelegenheit.«

»Die Gelegenheit wozu?«, fragte Silvi und ließ einen Finger genauso über seinen Hals fahren. »Du hast auch zu lange im Auto gesessen, oder?«, neckte sie ihn weiter und strich über seine Brust.

Auch seine Warzen waren längst erhärtet.

»Lassen wir doch das Reden«, bat er.

»Machen wir uns stattdessen an die Reparatur?«, zog sie ihn auf.

»Ich habe keine Zündkerzen dabei, sorry.« Er lachte. »Oder doch? Willst du mal nachschauen?«

Er führte Silvis Hand zu seinem Schritt. Sie schluckte. Was sich dort versteckte, war hart und füllte ihre Hand mehr als aus.

»Wie zündet man deine Zündkerzen?«, säuselte sie frech und rieb mit ihrer Hand über die Ausbuchtung.

»Du bist schon auf dem besten Weg zum Zünden«, sagte er konzentriert, und sein Blick fiel auf Silvis Lippen.

»Vielleicht geht es besser, wenn ich es mir anschaue.«

Er sah sie überrascht an. Wahrscheinlich war er immer derjenige, der die Zügel in die Hand nahm. Doch Silvi öffnete bereits den Knopf seiner Hose.

»Gehst du immer so ran?«, fragte er irritiert.

Silvi ließ ihre Finger in seine Shorts gleiten. Er seufzte.

»Nein, aber du hast mich dazu eingeladen oder nicht? Und schließlich muss ich doch herausfinden, wie mir deine Zündkerze helfen kann.«

Sie griff fest um sein Glied.

»Ich bin sicher, sie kann dir mehr als helfen, Babe!«

Silvi beförderte seine harte Kerze ans Tageslicht. Hart und stramm war er, die Haut wulstig und viel heller als der Rest seines Körpers. Zärtlich zog sie die Vorhaut zurück und lächelte, als ein Lusttropfen auf seine Spitze trat.

Wie er sie anstarrte! Nun war sie es wohl, die ihn sprachlos machte. Sie hielt seinem überraschten Blick stand, und er änderte sich. Genussvoll und langsam bewegte sie ihre Hand. Er blickte gequält zu ihr, doch auf seinen Lippen lag ein wohliges Lächeln.

»Kann ich sie so zünden?«, säuselte sie.

»Mhhh, du bist auf einem guten Weg, aber du musst mehr Feuer geben.«

»So?«, fragte sie.

Schnell und energisch begann sie ihr Wichsen.

»Babe!«, keuchte er und stützte sich am Motorraum ab. Sein Prachtstängel schien noch weiter unter ihren Fingern zu wachsen.

»Lass gut sein!«, keuchte er.

Seine Brust bebte heftig. Silvi verlangsamte ihre Bewegungen.

»Kommt es sonst zum Kurzschluss?«

Er lächelte listig, als sie ihre Hand löste.

»Komm schon, ich will sie ganz zünden«, drängte Silvi und saugte durch das Hemd hindurch an seiner Brustwarze.

»Du bist ganz schön frech.«

»Gleichfalls«, gab sie zurück.

Energisch schob er sie zur Seite und machte die Motorhaube zu.

»Machen wir jetzt Feuer?«, zog Silvi ihn weiter auf.

Sein stark errötetes Glied vibrierte. Es war ein geiler Anblick, diesen Fremden so dastehen zu sehen.

»Keine gute Idee.« Er lächelte.

»Kneifst du?«, Silvi war verwirrt.

Er hatte doch den ersten Schritt gemacht, und nun wollte er die heiße Nummer abbrechen? Entschlossen zog sie ihr Shirt über den Kopf. Sie hörte, wie er tief Luft holte.

»Babe!«, sagte er nur.

Sein erregter Blick sprach Bände. Er stellte sich sicher bereits vor, wie er ihren prallen Busen knetete und lutschte.

»Komm schon! Ich behandele deine Kerze auch mit Vorsicht.«

»Du bist verdammt frech«, sagte er und sein tiefer Tonfall deutete an, dass er wieder in das Spiel einstieg.

Silvi lehnte sich gegen die Motorhaube. Provokant starrte sie auf sein Glied, blickte ihrem Retter dann in die Augen und leckte sich über die Lippen.

»Warum bist du so?«, fragte er irritiert.

Doch er trat dicht an Silvi heran. Sie rutschte runter.

»Warum sollen nur Männer so sein?«

Sie führte ihre Hand unter seine Hoden. Er seufzte genussvoll und legte seine Hand auf ihre Schulter. Dann presste sie ihren prallen Busen zusammen.

»Lust?«, fragte sie.

Da ließ er sich nicht zweimal bitten.

Er beugte sich vor, legte seine Hände auf Silvis Rücken und schob sein Glied zwischen die Ritze, die die dralle Schönheit mit ihren Brüsten für ihn geschaffen hatte. Er fickte ihre geilen Brüste und atmete heftig. Der geile Tittenfick schien ihm ein außerordentlicher Genuss zu sein.

»Hm … Ordentlich Reibung zündet die Kerze, was?«, neckte sie und versuchte, mit ihrer Zunge seine rosige Spitze zu erhaschen.

Er bewegte sich langsamer. Zärtlich schob er sein Glied vor. Sie senkte ihr Kinn. Kaum spürbar berührte seine Eichel ihr Kinn.

»Ich will richtig schießen. Komm schon!«, flüsterte er.

Er richtete sich auf, Silvi erhob sich ebenfalls. Sie knöpfte sinnlich ihre Hose auf und zog sie unter seinem Blick herunter. Er rieb über seine Eichel, spuckte darauf. Lustvoll verteilte er seinen Speichel. Silvi trug einen schwarzen einfachen Slip.

Frech drehte sie ihm ihr Hinterteil zu und bot ihm eine galante Show, während sie ihren Slip seufzend herunterzog. Sie gab den Blick auf ihre glänzende rasierte Spalte frei.

»Bleib so!«, forderte er sie auf.

Sie stützte sich auf die Motorhaube. Sein pralles Glied klopfte gegen ihre Pobacken.

»Du kannst öfter Autopannen haben«, ächzte er.

Hastig drang er in ihre nasse Höhle. Seine breiten Hände gaben ihrer Hüfte keine Möglichkeit, sich zu bewegen.

»Ist das gut?«, fragte sie. »Zündet sie schon?«

»Mhh, Babe!«, stöhnte er und fickte sie dann hart.

Er drückte Silvis Körper nach vorn.

»Du bist ja ein ganz Wilder!«, keuchte sie unter seinen Hieben und stellte ein Bein auf die Stoßstange.

»Und du gehörst verboten!«, sagte er streng und ließ sein Glied so weit herausschnellen, dass nur noch seine pralle Eichel sie füllte. Genussvoll sah er hinunter und sah zu, wie er sie wieder und wieder hart bis zum Anschlag in Silvi schlug.

»Babe!«, donnerte seine Stimme tief.

»Mhh!«, rief Silvi. »Wenn du so weiter machst, erlebe ich die Zündung nicht mehr.«

»Dann gib dir Mühe!«, raunte er ihr zu. »Komm, sag mir was Geiles!«

»Reicht dir meine nasse Fotze nicht?«

»Komm, sag!«

»Mhh … Komm schon! Ja! Geiler Fickschwanz!«, seufzte sie und wippte mit ihrem Arsch.

»Gefällt er dir?«

»Du hast den geilsten Prügel, der mich je versohlt hat.«

»Ja?«, keuchte er und stieß fester.

Er teilte immer schnellere Stöße aus. Seine Finger bohrten sich in das Fleisch von Silvis Rücken.

»Oh ja, Babe!«, rief er.

»Na siehst du, die Kerze ist gezündet«, flüsterte sie listig.

»Halt den Mund!«, sagte er forsch.

Silvi erschrak fast. Obwohl sich längst sein heißer Saft verteilte, fickte er sie weiter. Er presste Silvis Gesicht auf den Wagen.

»Ja!«, wimmerte sie. *Oh Gott!* Er verstand etwas von dem, was er da tat. Kreisend und rhythmisch bewegte er sich, ließ nicht nach. Immer wieder dieses Kreisen!

Silvi schloss die Augen. Noch nie hatte sie einen Orgasmus gehabt, ohne dass man ihre Perle rieb. Aber nun ging es. Befreiend stöhnte sie auf. Er ließ sie los. Ihr Rücken krümmte sich und sie zitterte.

»Meine Kerze hat erfolgreich den Motor gestartet«, seufzte er zufrieden.

»Aber wie!«, gab Silvi schwach zurück.

Er drehte sie zu sich herum und strich lächelnd über ihre nasse Stirn.

»Kann ich dich in meinem Wagen mitnehmen?«

»Was muss ich dafür tun?«, fragte sie listig.

»Nur ein bisschen lecken, blasen, lutschen«, konterte er frech.

»Ich bin dabei«, sagte Silvi frech und ließ ihren Ficker nochmal sprachlos werden.

Betrogen auf dem Autostrich

Es war jetzt drei Wochen her, doch es war noch immer ein herber Stich. Aufgeben? Keine Frage!

»Deine Sachen im Bad!«, zischte Glenn.

»Lass uns doch reden!«, bat er.

Doch sie schenkte ihm keine weitere Beachtung. Ihre Hände waren zu Fäusten geballt. Beim Parkplatztreff hatten ihn ihre Freunde entdeckt. Was für eine Tragödie oder viel mehr, was für ein Bums!

»Verschwinde! Ich will dich hier nie mehr sehen.«

Ihre Beziehung mit Jim war eine einzige Lüge. Hat ihm denn je etwas gefehlt? Endlich warf er zischend die Tür ins Schloss und Glenn blieb mit allem zurück, was er hinterlassen hatte – einem Haufen Ärger und Mietschulden.

Tracey hatte bis jetzt die Luft angehalten und dem wütenden Geschehen still gelauscht.

»Er ist es nicht wert«, sagte sie.

»Ich weiß«, antwortete Glenn kühl. »Ich habe nur keine Ahnung, wie ich nun die Wohnung allein halten soll.«

Ihr Blick wanderte durch den Raum, doch ihre finstere Miene hellte sich auf.

»Was ist?«, fragte Tracey überrascht.

Glenn lächelte verschmitzt. »Warum nicht seine Waffen nutzen?«

»Was meinst du?«, Tracey war verwirrt und beobachtete, wie Glenn sich vor dem Spiegel drehte und über ihren kurzen Rock strich.

»›Sweet Eighteen‹ kann sich vielleicht beim Parkplatztreff etwas dazuverdienen?«

Tracey lachte laut.

Doch Glenn schlug ihr Haar entschlossen nach hinten. Es war kein Spaß, nur das musste ihre Freundin ja nicht wissen. Die Idee hatte sie schon länger gereizt, warum nicht einfach ausprobieren? Schließlich war es die einfachste und schnellste Möglichkeit, an Geld zu kommen.

»Mach dich nicht verrückt. Wir finden sicher eine Lösung«, sagte Tracey und drückte ihre Freundin. »Bis morgen. Da sieht die Welt schon anders aus.«

Glenn führte Tracey zu Tür und winkte ihr nach. Ihr Körper war ein einziges aufgeregtes Kribbeln. Wie mochte es wohl sein, das wirklich zu tun? Es ging ihr nicht mehr aus dem Kopf, und es wurde ein Plan.

***

Es war bereits spät. Draußen setzte die Dämmerung ein. Sie wusste, wo dieser verheißungsvolle Parkplatz lag. Sie biss sich auf die Lippen und starrte ihr Spiegelbild an. Sie zog den schwarzen Lidstrich nach und führte den tiefroten Lippenstift über ihre Lippen. Würde sie es tun können? Würde sie die Wünsche fremder Männer erfüllen können?

Der Gedanke daran, jemanden Fremdes zu erregen, bescherte ihr einen wohligen Genuss. Was Jim konnte, konnte sie auch und sie würde damit noch ihr Problem lösen. Ihre blauen Augen leuchteten verheißungsvoll. Ob sie begehrt werden würde mit ihren frischen achtzehn Jahren, ihrer zarten Haut? Sie strich gedankenverloren über ihr enges Leopardentop, unter dem sie ihre schwarze Spitze trug. Der blaue Jeansrock war für den Alltagsgebrauch viel zu kurz, aber für ihr Vorhaben perfekt. Je länger sie darüber nachdachte, desto entschlossener wurde sie. Ab heute würde sie die Zügel in die Hand nehmen und auf ganz besondere Weise über ihr Leben bestimmen. Ab heute würde sie sich »Lollipop« nennen. Sie lächelte verwegen beim Gedanken daran, wie sie diesen Namen wohl begründen könnte.

Sie verließ ihre Wohnung und stieg in den Fahrstuhl. Flüchtig dachte sie daran, was die Nachbarn wohl über ihren gewagten Kleidungsstil denken würden. Und was war, wenn sie dort auf dem Parkplatz ein Bekannter entdeckte? Aber dann nickte Glenn stumm. Wer sich dort rumtrieb, war nicht viel besser als sie und würde sicher drüber schweigen und wenn nicht, würde sie fantasievoll dafür sorgen.

Durch Glenns Adern schoss Adrenalin. Eigentlich war doch diese Fantasie schon immer da gewesen. Es lag nicht nur daran, dass Jim sie auf so besondere Art abserviert hatte.

Ihr Körper bebte.

Als sie in ihren Wagen stieg, zitterten ihre Hände. Aber es war Zeit, dies alles abzulegen. Sie startete den Motor und verließ die Tiefgarage. Sie fuhr hinaus aus der Stadt und folgte der Straße in Richtung Autobahn. Der sündige abgelegene Platz war nicht mehr weit. Ab jetzt war sie nur noch Lollipop und zu allem bereit.

Sie parkte ihren Wagen ein Stück weiter. Okay, das hatte sie nicht erwartet! Lediglich zwei Autos standen hier. Ihre Fahrer waren Männer. Was hatte sie erwartet? Eine riesige Party? Vielleicht ja. Würde sie hier überhaupt den Mut haben, auszusteigen und auf die Männer zuzugehen? Sie schluckte schwer. Ihre Beine zitterten. Sie rieb ihre Lippen gegeneinander und schaute in den Rückspiegel. Ob sie ihr Auto bemerkt hatten? Ihr Herz schlug schneller.

»Komm schon, Lollipop!«, sagte sie sich.

Sie stellte sich vor, wie Jim sich hier mit einer Dahergelaufenen vergnügt hatte. Ihre Wut kehrte zurück und mit ihr auch ihr Mut. Sie öffnete die Wagentür und stieg aus. Auf ihren High Heels stolzierte sie auf die beiden parkenden Wagen zu. Sie wurde bemerkt. Ein Beifahrerfenster wurde heruntergefahren und sie hörte, wie sich die Tür des anderen Autos öffnete. Sie war fast auf derselben Höhe.

»He, schöne Lady! Ganz allein unterwegs?«

Die Stimme des Mannes, der sie intensiv und lächelnd musterte, war tief. Sie ging Glenn durch und durch. Sein Blick traf sie, er war entschlossen. Dunkle Augen zogen sie aus. Er war attraktiv, hatte dunkles Haar und trug ein weißes Hemd. Ein Geschäftsmann auf der Rückreise von einem Termin?

»Möchtest du einsteigen?«

Glenn hielt die Luft an. Einen kurzen Augenblick lang hatte sie das Gefühl, ihre Beine würden unter ihr nachgeben.

Doch dann atmete sie tief durch. Sie beugte sich zu dem Beifahrerfenster hinunter und hörte, dass der zweite Fahrer dem Geschehen näherkam. Sie roch ein süßliches Parfüm und hörte seinen schweren Atem.

»Für Geld mach ich alles«, gab Glenn keck zurück.

»So?« Der Fahrer runzelte verwundert die Stirn, doch dann lächelte er.

»Für gewöhnlich machen es die Damen hier ohne Bezahlung.« Er lächelte verwegen.

»So?«, gab Glenn genauso frech zurück.

Sein Blick wanderte über ihr freizügiges üppiges Dekolleté.

»Alles sagst du?«, fragte er schelmisch. »Hast du es so nötig?«

Glenn blieb einen Moment sprachlos. Sie war in ihrer Rolle noch nicht so ganz sicher.

»Komm!«, sagte er und klopfte auf den Beifahrersitz.

War sie wirklich dazu bereit? Zaghaft öffnete sie die Tür und setzte sich nervös.

»Wenn ich dich bezahlen soll, musst du mir schon ordentlich was bieten«, flüsterte er und legte eine Hand auf Glenns nacktes Knie.

Sie blickte nach draußen. Der andere Fahrer stand an seinen Wagen gelehnt da und beobachtete das Geschehen. Er lächelte Glenn an.

»Wie ist dein Name?«, fragte er und ließ seine Hand höher fahren.

»Lollipop«, hauchte sie ihm lächelnd entgegen.

Sein Blick fiel auf ihre vollen Lippen.

»Nun, dieser Name regt mich an. Wirst du ihm auch gerecht?«, fragte er fordernd.

So schnell sollte sie loslegen? Sie schluckte.

»Du machst das wohl zum ersten Mal«, stellte er fest. Doch dieser Gedanke sorgte dafür, dass seine Hände zu zittern begannen, während er seine Hose öffnete.

»Vielleicht …«, gab Glenn von sich.

Sie zögerte. Sollte sie doch abbrechen? Das hier war doch gar nicht so einfach wie in ihrer Fantasie.

»Vielleicht solltest du ein bisschen näherkommen«, sagte er und befreite sein Glied.

Der Anblick ging Glenn durch und durch. Erhärtet und rosig pulsierte das breite Stück vor ihr. Er legte seine Hand darum und bewegte es kreisend, um es bestens zu präsentieren. Sein Blick wanderte wieder über ihr Dekolleté. Glenn schluckte aufgeregt. Flüchtig sah sie noch einmal zu dem anderen Fahrer. Er würde zusehen?

»Komm schon, Lollipop!«, flüsterte er und legte seine Hand gefährlich hart in Glenns Nacken.

Sie blickte auf die breite Kuppe, die bereits schmierig glänzte und immer mehr Farbe annahm.

»Du bist Geschäftsmann?«, fragte Glenn nervös.

Er lächelte. Ihm gefiel ihre Befangenheit, doch er schob seine Hand auf ihren Rücken und drückte ihren Leib herunter.

»Kleine Mädchen beim Spielen«, hauchte er abgehakt.

Glenns Gesicht war nur noch knapp von seinem prallen Stück entfernt. »Du machst mich an, weißt du das? Komm schon, Lollipop!«, drängte er und wurde langsam ungehalten.

Er hob sein Becken, griff nach Glenns langem Haar und hielt es im Nacken fest zusammen. So konnte er ihre vollen Lippen besser sehen.

»Komm, ich will sehen, wie sich deine zarten Wangen füllen!«

Er atmete schneller. Endlich legte Glenn ihre Hand um den prallen Schaft.

»Nimm dir den Lolli, Lollipop!«, zischte er und drückte bestimmend Glenns Kopf nach unten.

Sie legte ihre zweite Hand um den breiten Prügel und drückte fest zu. Genussvoll stöhnte er auf.

»Nimm ihn dir!«, forderte er tief. Seine Stimme bebte.

Endlich öffnete sie weit ihren Mund. Sie schob das gute Stück zwischen ihre Lippen. Aber mit dem, was dann geschah, hatte sie nicht gerechnet. Er hob sein Becken heftig und stieß sie. Fest presste er ihren Kopf herunter. Glenn rang nach Luft. Seine schnellen Bewegungen verursachten schmatzende Geräusche.

»Ja! Babe!«, keuchte er.

Hilflos stützte Glenn sich auf seine Oberschenkel. Sie gewährte ihm Einhalt. Sie befreite ihre beschmierten Lippen und schaute böse zu ihm auf. Seine dunklen Augen blitzten.

»Hmm, überrascht?«, fragte er verwegen lächelnd und strich über die Tropfen seiner Lust auf ihren Lippen.

Glenns Make-up war verschmiert. Das Ringen nach Luft hatte ihr Tränen beschert und ihr schwarzer Lidstrich war verlaufen.

»Jetzt siehst du so billig aus!«, flüsterte er genussvoll.

Er hob noch immer impulsiv sein Becken.

»Hat dir mein kleiner Überfall gefallen?«, fragte er keck.

Glenn zischte kaum hörbar. Ihre Augen funkelten. Energisch griff sie nach seinem besten Stück. Er stöhnte auf. Heftig und schnell bewegte sie ihre Hand und brachte seine Vorhaut zum Glühen.

»Überrascht von meinem Überfall?«, keuchte sie zurück.

Er presste seinen Rücken fest gegen den Sitz.

»Das ist gut!«, keuchte er.

Nun ging es wieder herunter. Glenns lange Finger mit den lackierten Nägeln ließen sein pralles Glied gegen ihre Wange schlagen, links, rechts, härter.

»Nimm ihn!«, forderte er.

Nein! Dies war ihr Spiel, oder? Sie schob die schmierige

Vorhaut herunter und ließ ihre Zunge verspielt und langsam über die freigelegte Lustspitze gleiten.

»Oh Babe!«

Er wollte es wieder tun. Er wollte wieder sein ungestümes Becken wirken lassen und sie hart in den Mund ficken. Aber Glenn kam ihm zuvor. Wild lutschte sie an seiner Spitze und hielt sein Becken mit aller Kraft ihrer Arme in Zaum. Er wollte ganz in sie, aber sie ließ es nicht zu. Sie saugte und knabberte und lutschte laut und genussvoll. Sie fing dabei seinen Blick auf. Er lächelte gequält. Seine Hand fuhr emsig über ihr Haar, das sich auch zwischen ihren Lippen verfing. Erst jetzt bemerkte Glenn, dass der zweite Fahrer an ihr Fenster herangetreten war. Er sah ihnen zu und befriedigte sich! Glenn konnte es durch das offene Fenster hören und sah, wie er seinen Arm schnell bewegte.

Als ihr heißer Untergegebener das bemerkte, seufzte er noch genussvoller. Er war nun vollkommen entspannt und gab sich Glenn hin.

Jetzt sollte es geschehen. Soweit es ging, schob sie sein pralles Stück in ihren Mund hinein. Schmerzvoll wurden ihre Mundwinkel gedehnt. Es fühlte sich so hart und fest an. Glenns ganzer Körper vibrierte wohlig. Sie wollte mehr. Wie musste es sein, von ihm genommen zu werden, diesen fetten Prügel in sich zu haben?

Schnell und lustvoll bewegte sie ihren Kopf und presste ihre Lippen dabei fest auf sein Fleisch. Ihr Blick ging immer wieder zu ihrem Beobachter. Es war eindeutig, dass er sich vorstellte, er wäre an dieser Stelle.

»Du bist dein Geld wert«, keuchte ihr Fahrer.

»Und wir haben noch nicht über einen Preis gesprochen«, gab Glenn frech zurück und wichste flink mit ihrer Hand weiter.

»Hmm …«, seufzte er tief. »Das ist doch nur ein kleiner Vorgeschmack. Da rede ich noch nicht über Preise.«

»Dann lass uns über mehr verhandeln«, flüsterte Glenn tief und presste sein Glied schmerzvoll zusammen.

Er schrie kurz auf und hob dann wieder lustvoll sein Becken.

»Komm, stopp!«, forderte er energisch und zog Glenn an ihren Haaren zurück.

Nie zuvor war sie so geil auf mehr gewesen.

»Lass uns aussteigen!«

Sein Lächeln war geheimnisvoll. Was hatte er vor? Sein wandernder Blick sorgte bei Glenn für wahre Lustschübe. Er öffnete die Tür und ließ ihren Beobachter zur Seite treten. Glenns neugieriger Blick fiel auf das, was ihr Voyeur stramm in seinen Händen hielt. Es stand dem ihres Fahrers in nichts nach. Sie schaute sich um. Sah sie hier auch wirklich niemand?

Ihr Fahrer klopfte auf die Motorhaube.

»Was nun?«, fragte Glenn irritiert.

»Rauf da!«, forderte er und umklammerte sein Glied.

»Erst den Preis verhandeln«, neckte sie ihn frech.

So langsam gefiel ihr das Spiel aber richtig und sie ging ganz darin auf.

Er stieß sie hart auf die Motorhaube. Gerade noch konnte sie ihr Gesicht vor dem Aufprall abfangen. Sie stützte sich auf. Doch er hatte längst schon ihren knappen Rock hochgeschoben.

»Du bist mir jeden Preis wert, Lollipop«, keuchte er.

Fest schlug er auf ihren Po. Ihre Backen wackelten. Zärtlich zog er sie nun auseinander und presste sie wieder fest zusammen. Ihre rosige Spalte schaute hinter ihrem Slip hervor. Ihr Glänzen ließ ihn seufzen. Er machte sich keine Mühe. Energisch stieß er sein Glied zwischen ihre Backen und rieb seine Eichel an ihrem feuchten Slip.

Erregt richtete sich Glenn auf. Nur noch einen kurzen Moment und er würde endlich hart in ihr sein und sie genauso heftig stoßen, wie er es mit ihrem Mund gemacht hatte.

Der zweite Fahrer fing ihren Blick auf und trat näher. Er bot ihr sein hartes Gegenstück an. Sollte sie es zulassen?

Sie seufzte laut, als sie spürte, dass die heiße pralle Eichel ihre blanke Spalte berührte. Energische Finger zerrten ihren Slip zur Seite. Der zweite Fahrer nutzte dieses Überraschungsmoment. Er legte seine Hand genauso bestimmend auf Glenns Kopf, wie es der Erste gemacht hatte. Glenn ließ es geschehen. Und während das harte Glied von hinten tief in sie hineinstieß, schob sich der Prügel ihres Voyeurs zwischen ihre Lippen. Gleichzeitig besorgten die Männer es ihr, während Glenn sich auf der unbequemen Motorhaube wand. Sie gehörte den Männern! Es fühlte sich geil an. Sie hielt das pralle Stück mit ihren Lippen und saugte fest daran. Keuchend genoss es ihr Gespiele, was dafür sorgte, dass ihr Hintermann noch heftigere Stöße austeilte.

»Das ist geil!«, stotterte ihr Nebenmann.

Er sah zu, wie wieder und wieder die pralle Spitze seines Mitspielers wie ein Keil in Glenn stieß. Sie spürte, dass er kam. Sie spürte, wie sein Saft sich in ihr ausbreitete. Dann trat er zurück. Ihr Rücken und Po wurden klebrig nass. Er verteilte sein letztes Sperma auf ihren Backen. Aber was tat er dann? Ihr Mund wurde freigegeben. Ihre Lippen klebten. Er winkte den anderen Mann heran.

Oh ja!

Er trat auch hinter Glenn. Sie richtete sich auf und drehte sich um. Verwegen lächelte sie den Männern zu. Ihr Voyeur hob fragend die Brauen. Er lächelte lustvoll und strich über das, was er ihr präsentierte und was so heiß war von ihren Lippen. Glenn rutschte weiter auf die Motorhaube. Bereitwillig spreizte sie ihre Beine. Und sofort belohnte der Fremde sie. Er tat es wie sein Vormann, nur dass die Schläge, die er mit seinem prallen Stängel austeilte, kürzer und härter waren. Er keuchte lauter, heftiger. Er genoss es, härter und tiefer vorzudringen als sein Vormann, der ihnen genussvoll zusah.

Glenn konnte sich kaum halten. Sie versuchte, sich unter den schweren Stößen zu halten. Schmerzvoll drückten seine Finger in das Fleisch ihrer Oberschenkel. Sie sah zu, wie sein hartes Glied wieder und wieder in sie stieß.

Nur noch einen Moment! Ihr Busen wippte im schnellen Takt. Es gab kein Entfliehen mehr! Er ließ ihre Schenkel frei. Glenn schlang sie fest um ihn. Er lächelte und nickte ihr zu und stieß, so heftig er konnte, zu. Dann machte er eine Pause. Er tat es noch einmal. Und noch eine lange Pause. Was tat er denn da? Er spielte ein gekonntes Spiel!

Ihr Fahrer und jetziger Beobachter trat wieder dicht neben sie. Glenn schaute ihn verwundert an. Er hob seine Brauen und lächelte. Er führte seine Hand zwischen ihre feuchte Grotte und ihren lustvollen Peiniger. Er rieb über ihren Kitzler!

»Oh verdammt!«, keuchte Glenn.

Sie wand sich. Doch während der eine Fahrer nun wieder schnell und heftig in sie fickte, ließ der erste mit seinem breiten Daumen ihre Perle glühen.

Für Glenn gab es kein Halten mehr. Laut seufzend und zitternd bäumte sie sich auf und fing den schmunzelnden Blick des ersten Fahrers ein, während sich der Zweite in ihr ergoss.

»Das war Wahnsinn!«, seufzte er zufrieden.

Keck kniff der erste Fahrer in Glenns Wange.

»Wer muss nun wen bezahlen?«, neckte er sie.

Glenn keuchte angestrengt. Sie rang nach Luft.

»Vergessen wir das mit dem Bezahlen«, gab sie schwach zurück.

»Ich wusste, du wolltest es einfach nur mal hart besorgt bekommen«, gab er zurück.

In diesem Moment fuhr ein weiteres Auto auf den Platz. Verstört schaute Glenn hinüber. Oh nein! Schnell richtete sie ihren Rock. Aber es war zu spät.

Es war Jim!

Schockiert starrte er auf die Männer, die gerade erst ihre schmierigen Glieder einpackten. Doch sein Blick war alles. Mit Genugtuung sprang Glenn von der Motorhaube und genoss es, dass ihr ihr Lieblingsfahrer einen harten Klaps auf den Po gab. Sie schmunzelte und zwinkerte Jim zu. Er kochte vor Wut. Leidenschaftlich legte Glenn ihre Arme um beide Gespielen.

»Vielleicht habe ich das Geld auch wirklich nur vorgeschoben, um einen Grund zu haben«, flüsterte sie.

»Dem müssen wir unbedingt noch einmal auf den Grund gehen«, gab der Erste tief zurück.

Sein verwegenes Lächeln war wieder ganz da. Wollte er etwa gleich noch einmal, vor den Augen von Jim?

»Ich glaube, wir drei haben morgen ein Date, Lollipop.«

»Ganz bestimmt«, gab sie zurück.

Dieses Spiel mit der Lust war der reine Wahnsinn! Sie wollte mehr davon. Ihre Sucht hatte begonnen!

Verruchte Hände - Feucht bei der Massage

»Sieh mich nicht so an! Diese Entscheidung musst du nun wirklich allein treffen!«, sagt Nelly.

Ich seufze. Ich kann mich überhaupt nicht mehr konzentrieren.

Nelly zwinkert mir zu. »Ich sehe dir an, dass du die Entscheidung schon lange getroffen hast.«

Ich rutsche unruhig auf dem Barhocker umher. »Aber es ist doch eindeutig, dass er mich nicht auf einen Drink in seinen Massagesalon einlädt.«

Nelly lacht. »Ja, und das ist dir bewusst. Du willst ihn doch wiedersehen. Dieser Mann hat dich sprachlos gemacht und er hat bestimmt noch mehr mit dir vor.«

Ich entgegne ihr Lächeln verlegen. »Stimmt. Ich muss ihn einfach wiedersehen.«

»Und wenn er dich dabei sinnlich berührt, kommt dir das doch sicher sehr entgegen.«

Ich stimme in Nellys Spaß ein, aber ich werde nervös, verdammt nervös. Meine Beine fühlen sich schwammig an.

»Und nun fix, sonst kommst du zu spät! Komm, du hast dich in deinen besten Fummel geworfen, das soll doch nicht umsonst gewesen sein!«, scheucht mich Nelly.

Entschlossen stelle ich mein Glas auf den Tisch.

»Der geht auf mich«, sagt sie. »Und jetzt schnapp ihn dir!«

Noch nie war ich so aufgeregt. Immer wieder schaue ich auf die Uhr. War es frivol, zum zweiten Date in einen Massagesalon zu gehen? Klingt das nicht von vornherein nach einer Einladung zum Sex?

Und wenn schon! Ich will noch einmal dieses wahnsinnige Kribbeln zwischen uns spüren, dieses unglaubliche Verlangen danach, ihn zu berühren, von ihm berührt zu werden. Der Duft meines eigenen Parfüms benebelt mich wohlig. Ich fahre mit den Fingern durch mein langes Haar, binde es zusammen und öffne es dann wieder. Ob ich ihm genauso gefalle wie bei unserem ersten Treffen an der Bar?

Ich lege die letzten Meter zu seinem Salon zurück. Es ist schon fast dunkel. Ich sehe, dass in dem Gebäude nur noch aus einem Fenster ein schwaches Licht strahlt. Für die Kundschaft ist der Salon bereits lange geschlossen.

In meinem Kopf überschlagen sich die Bilder. Ich stelle ihn mir vor: groß und schlank, wie er an der Bar vor mir stand, sein freches Lächeln, seinen Blick, der mich will. Ich spüre fast noch seinen Finger, der zärtlich meine Hand berührte, als ich mein Glas aufnehmen wollte. Ich spüre noch die Hitze, die sich in mir ausbreitete, als ich an meinem Drink nippte und sein Blick an meinen Lippen hing.

Was ich gewillt bin, zu tun, ist doch schon etwas frivol. Ich schaue mich um. Die Straße ist leer. Ich bin mir sicher, dass er auf mich wartet und einfach weiß, dass ich komme. Zaghaft öffne ich die Tür, die hinter mir viel zu laut ins Schloss fällt. Mit Sicherheit weiß er jetzt, dass ich angekommen bin.

Ich folge dem schwachen Lichtkegel, der mich links in den Flur führt. Ich spüre, wie alles in mir nach ihm verlangt, nach seiner Berührung. Gleich sehe ich ihn! Wie werden wir uns begegnen? Ich halte kurz inne. Mein Atem wird immer schneller. Ich werde es ihm nicht zeigen, aber ich weiß, ich bin zu allem bereit. Ich will nicht leicht zu haben sein, aber ich will dieses Gefühl. Ich will es ganz und gar auskosten.

Ich gehe die letzten Meter. Ich betrete den heißen Raum und rieche die blumigen Düfte der Öle, die sich entfalten. Das schwache rötliche Licht lässt das Blut in meinen Adern noch wilder pulsieren. Ich bin so aufgeregt! Nervös schaue ich auf die Uhr.

Und dann kommt er. Er tritt vor mich. Ich halte die Luft an. Ich habe das Gefühl, dass mein Herzschlag meinen ganzen Körper durchdringt.

»Schön, dass du meine Einladung angenommen hast«, sagt er.

Seine tiefe Stimme verstärkt das aufgeregte Kribbeln. Ich verliere mich in seinen Augen, die so viel Wärme ausstrahlen. Und wie an dem Abend an der Bar, als ich ihn kennenlernte, bin ich wieder ihrer hypnotischen Tiefe erlegen. Nervös leckt meine Zunge über meine Lippen, wie an diesem Abend, als jedes Nippen an unserem Cocktail-Glas zu einer sinnlichen Beobachtung wurde. Sie ist wieder da, diese wahnsinnige Spannung. Ich nicke stumm. Sanft streicht er über meinen Arm. Ich spüre die Wärme seiner Hand durch meine Bluse. Ich zittere. Er lächelt verschwörerisch.

»Ich verspreche dir eine besondere Massage«, erklärt er.

Ich lächle verlegen.

»Bist du denn bereit dafür?«, flüstert er.

Ich suche nach einer Antwort, die nicht gleich mein Begehren verrät. Doch die Worte wollen nicht kommen. Ich spüre es wieder. Es ist wieder da. Das wahnsinnige Kribbeln durchdringt mich erneut. Wie kann dieser Mann nur so heftig auf mich wirken? Alles in mir giert nach seiner Berührung. Viel zu lange bin ich nicht Herrin meiner Gedanken.

»Träume sind schön, aber die Realität ist schöner«, sagt er frech und tritt vor die Liege. »Komm, mach dich frei!«

Ich werde rot. Er übergeht meine Verlegenheit und führt meine nervösen Finger an die Knöpfe meiner Bluse. Ich kann seinen Atem spüren. Er ist so warm! Ich schaue auf seinen nackten Hals. Mir wird schwindelig! Viel zu langsam öffnet er die Knöpfe. Wie gut er riecht!

Ich sehe an mir hinab und kann sehen, wie sich in der Spalte zwischen meinen Brüsten Nässe gebildet hat. Er muss spüren, wie verdammt heiß mir ist. Meine Brust hebt sich viel zu heftig und schnell. Er lächelt verschmitzt. Er weiß, was er in mir auslöst.

Er atmet schwer, während er auf das sieht, was er vom Stoff befreit. Ich will seine Berührung! Er taucht seine Hände in eine Schale. Ich bebe! Ich schaue zu, wie er träumend seine Finger durch warmes Öl bewegt. Will er das tun, was mir gerade durch den Kopf geht? Wieder überschlagen sich die Bilder in meinem Kopf. Wie mag es sich auf meiner Haut anfühlen?

Nie hätte ich gedacht, dass ich einmal so reagiere. Ich denke nicht nach. Mutig lege ich meinen BH ab und lasse meinen Rock und meinen Slip folgen. Ich bin unsicher, doch sein Blick bestärkt mich. Genau das hat er erwartet. Genau so will er es. Langsam fährt seine Zunge über seine Lippen, als würde er von mir kosten wollen. Ob er genauso erregt ist wie ich?

Er beobachtet mich, während ich mich auf den Bauch lege. Er muss sehen, wie meine Finger zittern. Besänftigend streicht über meinen Nacken. Ich atme tief durch. Die Berührung seiner Finger elektrisiert mich.

»Entspann dich!«, beruhigt er mich.

Ich kann ihn so dicht an mir spüren. Bitte noch dichter!

Zärtlich führt er seine Fingerspitzen meinen Nacken hinunter, lässt sie zu meinen Schulterblättern fahren und setzt seine ganzen Handflächen auf. Sie sind so warm! Sie wandern herunter. Mein wildes Pulsieren sammelt sich tief in meiner Mitte. Seine Finger wandern meine Seiten hinunter und bringen das ölige warme Nass bis zu meinen Oberschenkeln. Lass es weiter hinunterlaufen! Lass ihn mich weiter berühren!

Mach doch weiter! Ich wage es nicht, es auszusprechen. Seine Hände fahren den Hügel meines Pos hinauf. Ich vibriere. Ich will, dass er mit seinen Händen meine Schenkel spreizt.

Liebevoll lässt er seine Finger kreisen und nährt meine Lust. Ein Finger fährt meine Wirbelsäule hinauf und langsam wieder hinunter. Oh, noch ein Stück tiefer, bitte! Ich spüre den heißen Schwall, der sich in meinem ganzen Körper verteilt. Sein Finger rutscht tiefer, nicht tief genug. Ich liebe dieses Spiel. Ich will mehr! Ich will ihn! Ganz und gar! Jetzt!

Er kneift fest in meinen Po. Ich zucke zusammen.

»Entspann dich!«, sagt er.

Zärtlich schiebt er die Backen meines Pos auseinander und führt sie fest wieder zusammen. Er wiederholt sein Spiel, bis ich immer schwerer atme. Ich drehe den Kopf und schaue ihn schwach an.

»Gefällt es dir?«, fragt er tief.

Ich lächle ergeben.

In diesem kurzen Moment der Ablenkung lässt er seine Hand zwischen meine Schenkel fahren. Er genießt meinen hilflosen Blick, während er seine Finger flüchtig über meine Spalte gleiten lässt.

»So feucht«, flüstert er.

Ich kann sehen, dass er erregt ist.

Sanft zieht er mein Bein zu sich. Mein Blut kocht. Er tut es! Sein Finger fährt zärtlich über meinen bebenden Kitzler.

»Gefällt dir das?«, flüstert er.

Ich nicke angestrengt. Er hält mit den Fingern meine Schamlippen auseinander, während er langsamer, aber mit festerem Druck meine Mitte verwöhnt. Wie dieser Anblick für ihn sein muss!

Ein Finger dringt in mich. Er bewegt ihn schnell, als würde er mich mit seinem Glied stoßen. Ich spüre, wie er sein Becken gegen die Liege schiebt. Noch einen Finger lässt er folgen. Er atmet schwer und laut. Ich spüre, wie das warme Öl sich über meinen Schenkeln verteilt. Ich höre das schmatzende Geräusch, das sein Finger beim Eindringen erzeugt. Gott, ich will ihn ganz und gar!

Plötzlich lässt er von mir ab. Verstört richte ich mich auf und sehe, wie er hastig seinen Gürtel öffnet. Sein Lächeln wird eindringlicher. Diese Augen! Ich bin dir ganz und gar ergeben! Er genießt es, dass ich ihm dabei zusehe, wie er sein Glied befreit. Wie stramm es ist! Zärtlich streichen seine öligen Hände über die gerötete Kuppe.

»Dreh dich um!«, fordert er.

»Wie?« Ich bin irritiert.

»Setz dich vor mich! Komm her! Wir müssen uns der anderen Seite widmen«, sagt er und führt noch einmal seine Hand über seine pochende Eichel.

Ich rücke heran. Ich bin wie in Trance, als er noch einmal seine Hände in das Öl taucht. Er stellt sich vor mich und betrachtet mich. Ich schaue an mir herunter. Nie waren meine Knospen härter. Sein Glied, wie stramm es ist!

Er legt seine Hände auf meinen Busen. Er drückt das Fleisch fest zusammen, lockert seinen Griff und lässt seine Finger sanft die harten Spitzen umkreisen. Oh, wie ich leide! Ich spüre seine breite Eichel an meinem Schenkel. Sie fühlt sich klebrig an. Meine Lippen sind leicht geöffnet. Ich schiebe mich vor. Er lacht.

Er spreizt meine Schenkel.

»Und wie ist das?«, fragt er und führt seine Spitze langsam über meinen Hügel.

»Du folterst mich!«, gebe ich zurück und schlage meine Arme um ihn.

»So, ich foltere dich?«, fragt er und schiebt sich vor.

Er dringt in mich. Ich stöhne auf. Er füllt mich aus!

Er tritt zurück, um noch energischer in mich zu stoßen. Ich richte mich auf. Sein Glied verharrt still in mir, während er noch einmal meinen Busen knetet.

»Fick mich!«, flehe ich endlich.

Er lächelt und zieht mich hoch. »Dreh dich um!«

Ich lasse mir aufhelfen und beuge mich weit über die Liege, während ich ihm meinen Po entgegenstrecke. Er wartet nicht, bis ich mich aufgestützt habe. Er hält mich fest. Sein Strammer sucht sich seinen Weg. Fest stößt er in mich und noch einmal und noch einmal. Meine Finger krallen sich um den Rand der Liege. Ich halte seinen starken Stößen stand.

Ich will ihn noch tiefer, noch emsiger. Immer schneller lässt er sein Becken vordringen. Immer tiefer schlägt er sich in mich. So voll! So gewaltig!

»So geil!«, seufzt er kaum hörbar.

Ich nehme jeden Stoß auf und lausche dem wilden Klatschen. Alles in mir vibriert. Ich koche! Ich bewege meinen Hintern mit ihm.

»Oh ja!«, stöhnt er.

Das warme Öl ist inzwischen bis zu meinen Knien hinabgelaufen. Welch geile Situation! Er bewegt sich langsamer. Noch fester stemmt er sein Becken gegen mich. Hastig wandert seine Hand über meinen Oberschenkel. Ich spüre wieder seinen Finger auf meinem Kitzler. Er reibt ihn fest und immer schneller. Sein Strammer prasselt energischer auf mich ein.

Oh ja! Ich komme! Ich bäume mich wild auf. Ich explodiere!

Er drückt meinen Oberkörper auf die Liege und stößt noch einmal zu. Ich spüre es! Ich spüre, dass auch er kommt. Er schiebt sich zurück. Seine breite Eichel vibriert auf meinem Schamhügel. Ich spüre, wie sein Sperma herausschießt und sich heiß und geil über meiner Spalte verteilt.

»Hat dir meine Massage gefallen?«, flüstert er verschwörerisch, senkt seinen Kopf und küsst liebevoll meinen Rücken.

»Ich glaube, ich muss öfter kommen«, gebe ich lächelnd zurück. »Bei Bürojobs sollen Massagen Wunder wirken.«

»Wahre Wunder!«, bestätigt er mir lachend und lässt seinen Finger noch einmal durch seinen klebrigen Saft und über meine Spalte fahren.

Verbotenes Begehren - Heimlich beobachtet

Es war ein regnerischer und grauer Tag. Die dunklen Wolken zogen bedrohlich über den Himmel und versperrten dem schwachen Sonnenlicht den Weg in die Straßen. Die Laternen der kleinen Altstadt brannten, um so ein wenig Licht in den tristen Tag zu bringen und den Marktplatz zu beleben. Trotz des bedrückenden Wetters verirrten sich hier und da ein paar Passanten, die mit dem Spritzwasser vorbeifahrender Autos kämpften.

Lucie hasste diese deprimierenden Wintertage. Wie gern würde sie ihnen entfliehen, ihre Koffer packen und irgendwo hinfahren, wo es Palmen, Wasser, Sand und vor allem gute Laune gab. Aber ihr Geldbeutel hatte dafür zurzeit nichts übrig und so blieb ihr nichts anderes übrig, als ihre wenigen Urlaubstage allein hier am Rande der Welt zu verbringen.

Mit einem lauten Knarren öffnete sie die Tür der kleinen Videothek, die sich in der winzigen Gasse am Rande des Marktes befand. Das Haus war baufällig und machte keinen einladenden Eindruck, aber warum weit fahren, wenn es auch anders ging.

Sie betrat den winzigen Vorraum, ließ ihren Blick durch die Regale gehen und warf ihr langes Haar zurück. Warum hatte sie sich nicht doch entschieden, es schneiden zu lassen, als es nur rotfärben zu lassen! Aber was passiert war, war passiert.

Sie ging den schmalen Gang entlang und blieb vor dem Ecktresen stehen. Der Besitzer der Videothek kam aus dem Hinterzimmer.

»Ja, was ist?«, fragte er.

»Hallo, kann ich runter zum Solarium gehen, oder ist es gerade besetzt?«, fragte Lucie selbstbewusst.

»Kannst gehen. Niemand da«, antwortete Harald und musterte sie von oben bis unten.

Lucie ging los. Sie fand es gut, dass es hier ein kleines Solarium gab. War doch eine gute Idee. So konnte man sich ein Video für einen romantischen Abend besorgen und vorher noch die gewünschte Bräune für das Wohlbefinden bekommen. Ihr war es egal, was die Leute dachten. Ihre beste Freundin Julia bestätigte die Gerüchte, dass hier Kameras installiert wären und dass man junge Damen gern heimlich beobachtete. Aber sollten sie sich doch an ihrem wohlgeformten Körper erfreuen. Sie hatte nichts zu verbergen und war glücklich mit ihrer Figur. Und an vielen Gerüchten war dann doch nichts dran. Außerdem bekam man nirgendwo anders eine so günstige Solarium-Sitzung.

Sie ging in den Solariumraum, schloss die Kabinentür, warf Geld in einen Kasten, legte ihre Tasche auf den Holzstuhl in der Ecke und drehte sich vor dem großen Spiegel.

»Endlich diesem Mistwetter für ein paar Minuten entkommen«, seufzte sie.

Sie legte ihren schwarzen Mantel über die Lehne des Stuhls und öffnete ihre Bluse, die ihre roten Dessous freigab. Sie strich sich sanft über den Bauch, rückte ihr Piercing zurecht und öffnete ihre Hose. Langsam ließ sie sie fallen, legte auch Slip, BH und Stiefelchen beiseite und betrachtete ihre Nacktheit im Spiegel. Nein, sie hatte wirklich nichts zu verbergen!

Vorsichtig legte sie sich auf das vorgewärmte Glas und streckte sich. Die Bräunung begann.

Ich liebe es!, dachte sie.

Auch wenn sie kein Meer und keine Palmen um sich hatte, genoss sie die künstliche Sonne doch jedes Mal.

Ob die Kameras wohl schon laufen?, fragte sie sich schelmisch und fuhr mit den Fingern über ihre Brustwarzen.

Sollten sie doch kommen und über sie herfallen, dachte sie. Mit Thomas, ihrem Freund, lief schon lange nichts mehr. Das lag zwar an ihr, aber sie wollte nun mal nicht mit ihm schlafen, wenn er tagein, tagaus nur über Sex sprach und sie als Nutztier ansah. Ihre persönlichen Belange und Interessen waren ihm schon lange egal. Da sollte er sich lieber selbst zur

Hand gehen.

Marco hingegen war da anders. Wie oft hatte sie sich heimlich mit ihm getroffen, wenn Thomas mit Freunden unterwegs war oder arbeitete. Wie oft hatten sie gemeinsam im Kino gesessen und danach bis spät auf dem Parkplatz gestanden, geredet und geredet. Marco verstand sie einfach. Er nahm sie ernst und teilte ihre Interessen. Aber so sehr sie sich auch nach ihm sehnte, wie viele Nachrichten sie ihm auch schrieb, Marco wollte nicht mehr als ein guter Freund für sie sein. Nur ein Wort von ihm, und sie würde alles stehen lassen und sich von Thomas trennen. Sie war dieses langweilige Alltägliche leid. Aber mehr als Träume blieben ihr nicht von Marco. Der Kontakt hatte in der letzten Zeit sehr stark nachgelassen, obwohl er es jetzt wieder geschafft hatte, sich zu melden. Er wollte sich einfach nicht in ihre Beziehung drängen.

Sie drehte sich auf den Bauch und ließ die Strahlen ihren Rücken kitzeln. Es war sehr heiß und manchmal reichte ihr die Lüftung nicht. Aber das musste wohl so sein. Sie legte ihren Kopf auf ihre Arme, schob die Haare zur Seite und schloss die Augen. Sie ließ ihre Gedanken laufen.

Und schon sah sie Marco vor sich, in seinem weißen Sporthemd, seiner legeren Jeans und seinem verschmitzten Blick, immer zu einem Lächeln aufgelegt. Sie standen beide am Rand der künstlichen Eisbahn und lauschten der Musik aus den Lautsprechern. Wie oft hatte sie das schon geträumt …

Marco nimmt zärtlich ihre Hand, schaut ihr in die Augen und sein sanfter, heißer Atem berührt ihren Hals, als er sie küsst. Er drückt sich an sie und an die Wand, während sie in seinen Armen liegt und seine Nähe spürt. Die anderen Eisliebhaber drehen fröhlich ihre Runden. Sie spürt seinen starken Körper, der sich fester und fester an sie schmiegt, während seine Augen sie hypnotisieren.

Plötzlich ließ ein Knallen Lucie aus ihren Träumen fahren. Sie drehte sich um und richtete sich auf. Nichts zu sehen. Wohl nichts passiert. Langsam ließ sie sich wieder auf ihren Rücken sinken und ihre Hand zwischen ihre Beine gleiten. Zärtlich strich sie über den Hügel ihrer Klitoris. Der Gedanke an Marco hatte sie sehr erregt. Behutsam ließ sie ihre Finger über ihre Nässe gleiten.

Plötzlich ertönte eine Melodie. Die Sitzung war für heute beendet.

Schade, dachte sie, erhob sich, ging zum Stuhl und kleidete sich an. *Meine Traumreise war viel zu kurz.*

Sie schlang ihre Tasche über die Schulter, warf einen letzten Blick zurück und öffnete die Tür. Lucie passierte den kleinen Gang und kreuzte den Tresen.

»Na, hat dir die Bräunung heut sehr gefallen?!«, rief der Videothek-Besitzer ihr aus der Richtung der Regale mit einem frechen Grinsen entgegen.

»Wie immer. Bis zum nächsten Mal!«, sagte sie und verließ den Laden.

Ob er wohl doch etwas gesehen hatte?! Mit hochrotem Kopf betrat sie die Straße und war zurück in ihrem tristen Alltag.

Wenigstens lag heute noch eine ruhige Nacht vor ihr. Thomas kam erst Morgen nach Hause, und so würde sie heute Nacht auch keinen störenden Effekt beim Einschlafen haben, der sie ständig zu Liebestaten drängte. Außerdem würde sie in Ruhe ein Bad nehmen.

***

Am späten nächsten Morgen erwachte Lucie und dachte mit Unwohlsein an den heutigen Tag. Es war wieder Martinsmarkt, der allseits berühmte Jahrmarkt in ihrer Stadt. Sie liebte es, Karussell zu fahren und das ungewohnte Flair dieses Treibens zu spüren. Jedes Jahr erwartete sie diesen Tag mit großer Freude.

Doch dieses Jahr war ihre Freude getrübt. Alles war so gut durchdacht gewesen. Ihre lange verreiste Freundin Julia kehrte mit ihrem Freund aus London zurück und hatte versprochen, sie und Marco zum Martinsmarkt zu begleiten. Auch Marco hatte sich auf diesen, mal wieder heimlichen, Tag gefreut. Doch irgendwie hatte Thomas von der Heimkehr Julias und Timos erfahren und beschlossen, sie als vierte Person zu begleiten. Dass es bereits eine vierte Begleitperson gab, musste Lucie ihm dann wohl oder übel beichten. Er wusste inzwischen bereits von ihrem »flüchtigen« Kontakt zu Marco und freute sich umso mehr, mit ihnen um die Häuser zu ziehen, um so die Fäden in der Hand zu behalten.

Lucie war deshalb schlecht gelaunt. Sie hatte sich so auf einen Abend mit Marco gefreut, und nun trat Thomas wieder an ihre Seite. Wie sollte sie das nur Marco erklären, dem sie doch immer wieder erzählte, sie wäre so unglücklich, und kurz davor wäre, sich zu trennen. Ihr schauderte bei dem Gedanken an die erste Begegnung zwischen den beiden.

***

Am späten Nachmittag klingelte Thomas an ihrer Tür. Die Begrüßungen waren seit langer Zeit nur noch kurz und zeigten Gleichgültigkeit. Sie ging zurück ins Bad, während er ihr folgte und seine Taschen auf den Boden fallen ließ. Lucie steckte sich die letzten Haarsträhnen hoch, die sie mit einer kleinen Blüte hinterm Ohr befestigte, legte noch ein bisschen Rouge auf und besprühte sich mit ihrem Lieblingsparfüm. Na, wenigstens hatte sie die Möglichkeit, Marco heute zu sehen, wenn sie auch nicht viel mit ihm reden könnte.

Sie hörte Thomas übers Fernsehprogramm fluchen. Sie ärgerte sich, in wenigen Minuten würden Julia und Timo hier erscheinen, und er hatte nichts Besseres zu tun, als seine

Füße auf den Sessel zu schlagen und sich zurückzulehnen. Von Duschen, Umziehen und Essen hielt er wohl nicht viel.

Genau in diesem Moment klingelte es erneut an der Tür. Eifrig sprang Lucie ihr entgegen, um die beiden als Erste zu empfangen. Im letzten Moment hatte sie die Möglichkeit gehabt, Julia per SMS zu informieren, dass Thomas sie begleiten würde. Julia war darüber ebenfalls nicht erfreut. Sie konnte Thomas nicht leiden und sah Lucie auch lieber mit Marco.

Die beiden traten ein. Endlich erhob sich Thomas von seinem Sofa, kam in den Flur und räumte mit einem flüchtigen »Hallo« seine Sachen beiseite.

»Kann's losgehen?!«, fragte Timo energisch.

»Ich bin soweit fertig!«, entgegnete ihm Lucie und deutete mit einem genervten Blick auf Thomas.

»Ich auch!«, stimmte dieser dann zu.

»Okay, dann können wir ja los«, stellte Julia fest und verließ als Erste das Haus in Richtung Auto.

Die anderen folgten. Lucie und Thomas nahmen auf der Rückbank Platz.

Es war kalt an diesem Abend und schon früh dunkel. Der Mond gab die Sicht auf ein paar Sterne frei. Die Fahrt war ruhig. Nach wenigen Kilometern sahen sie von Weitem das Riesenrad, umgeben von Tausenden bunter Lichter.

Hoffentlich geht das heute gut!, dachte Lucie.

Wenige Minuten später erreichten sie das Parkgelände, zahlten und parkten.

Als sie ausstiegen, nahmen sie die kalte Abendluft wahr. Man konnte den Atem sehen. Dann kämpften sie sich über eine riesige Wiese.

Ob Marco schon hier ist, fragte sich Lucie. Er wollte ihr eine Nachricht aufs Handy schicken, sobald er den Platz erreicht hatte.

Thomas nahm Lucies Hand und drückte sie fest an sich. Sie wollte das nicht. Marco sollte nicht denken, es laufe gut zwischen ihnen. Aber was sollte sie machen? Sie ließ es geschehen, betrat das Festgelände und ließ die bunten Lichter auf sich wirken.

Gleich am ersten Stand blieben sie stehen. Julia kaufte sich einen Schokoapfel und bestand darauf, ihn ihm Stehen zu essen. Anschließend ging es weiter zur Losbude. Thomas übertrieb natürlich wieder und kaufte gleich fünfzig Lose. Sollte ja jeder sehen, dass er auch gut verdiente.

Lucie ließ ihren Blick schweifen und suchte nach Marco. Aber sie sah ihn nicht. Abwesend öffnete sie einige der Lose, die ihr Thomas in die Hand legte. Nichts dabei. Nur ein paar Kleingewinne. Sie gab sie ihm zurück. Thomas bekam dafür einen Teddybären und eine Zaubertafel. Julia und Timo amüsierten sich.

Sie gingen weiter und stoppten bei der Berg- und Talbahn. Das war für den Anfang doch das Richtige. Zu viert setzten sie sich nach einigem Gedränge auf die Bänke und die Fahrt begann. Lucie konnte es nicht genießen und versuchte, während der Fahrt die Gestalt von Marco auszumachen. Ohne Erfolg.

Gleich nach der Fahrt ging es weiter zum »Top Spin«. Das war selbst Lucie eine Nummer zu hoch und blieb mit Timo allein zurück, während Thomas und Julia den gewagten Trip in diesem Fahrgeschäft antraten. Heimlich schaute sie auf ihr Handy. Er hatte sich noch immer nicht gemeldet. Er sagte anfangs, es wäre ihm sehr unangenehm, Thomas zu begegnen, aber danach hatte er sich dann doch entschieden zu kommen. Lucie war enttäuscht.

Kurze Zeit später rief sie ihn an. Wegen der Lautstärke auf dem Gelände war er aber nicht zu verstehen.

Julia und Thomas kamen aus dem »Top Spin« zurück. Jetzt hatte auch Thomas Hunger bekommen und gemeinsam machten sie sich auf die Suche nach einem geeigneten Imbissstand. Ihre Wahl fiel auf ein kleines Lokal, das auch Sitzmöglichkeiten bot. Lucie bekam ihr Essen nur schwer herunter. Immer wieder schaute sie auf ihr Handy. Thomas war sehr erfreut darüber, dass Marco sich nicht meldete, und gab das durch Bemerkungen zum Ausdruck.

Die Zeit verging. Sie hatten ihre Runde über den Markt bereits beendet und setzten nun zur zweiten Runde an.

Da endlich sah Lucie Marco mit einigen Freunden am Glühweinstand stehen. Sofort begann ihr Herz zu klopfen. Sie ging auf ihn zu und begrüßte ihn mit einem freudigen Hallo. Marco tat es ihr gleich und sah sie mit seinem eindringlichen Blick an. Dann fiel sein Blick auf Thomas. Der zeigte keine Regung.

»Du hast mir versprochen, eine Runde im ›Break Dancer‹ mit mir zu fahren!«, sagte Lucie, in der Hoffnung, wenigstens ein paar Minuten allein mit ihm verbringen zu können.

»Nein, heute nicht«, antwortete Marco, wandte sich ab und ließ die Gruppe zurück.

Thomas und Timo zogen weiter, und Julia und Lucie taten es ihnen nach. Das sollte es gewesen sein? *Was war los mit Marco?* Lucie kannte nur noch diesen einen Gedanken und zog mit finsterer Miene über den Platz. Mehrmals drehte sie sich um, bis sie Marco ganz aus den Augen verlor.

Timo war plötzlich total begeistert und hielt vor dem großen Geisterhaus. Nein, das fehlte Lucie jetzt noch. Sie fürchtete sich vor solchen Dingern. Aber jetzt war sowieso alles egal. Also folgte sie widerwillig den drei anderen und stellte sich in die Reihe, die durch Gitter vom Eingang der Attraktion getrennt war.

Schneller als sie es erwartet hatte, betraten sie den dunklen Gang, der nur durch wenige künstliche Kerzen erhellt wurde. Unheimliche Geräusche klangen aus den tiefen Höhlen, die vor ihnen lagen. Langsam setzte sie einen Schritt vor den anderen und krallte sich an den Arm von Julia. Totenköpfe und Fledermäuse sprangen ihr entgegen. Es ging eine Hängebrücke hinunter. Sie schloss die Augen und griff fester nach Julias Arm.

Jetzt wurde es wieder heller. Sie standen mit einer großen Menge an Leuten vor einer riesigen Tür. Es schien eine Art Fahrstuhl zu sein.

Die Tür öffnete sich mit einem unheimlichen Stöhnen und alle traten ein. Es war dunkel. Die Menge stand eng an eng. Noch immer klammerte Lucie sich an Julia. Hier konnte ihr nicht viel passieren, dachte sie und ließ nun langsam los. Die Tür schloss sich.

Eine unheimliche Lichtergestalt entstand an der Decke und begrüßte alle mit gruseligen Lauten. Die Wände begannen zu wackeln. Es blitzte. Und im kurzen Aufflackern des Lichtes sah sie Marco in der Menge. Er war hier! Und er sah sie an!

Im nächsten Moment war alles wieder dunkel. Die Leute am Rand des Raumes begannen zu schreien. Die Wände bewegten sich aufeinander zu. Lucie suchte nach Julias Hand, konnte sie im Dunkel aber nicht ausmachen. Wieder zuckten Blitze und das Gekreische nahm zu. Marco stand jetzt direkt neben ihr. Thomas bemerkte ihn ihm Gedränge nicht. Langsam führte Marco seine Hand in Lucies Richtung und erfühlte vorsichtig ihre Lippen. Ihr Herz raste. Jetzt begann auch die Decke, sich auf die Gäste zuzubewegen. Marco war direkt hinter ihr.

Sie spürte seinen Atem und er flüsterte: »Ich will dich für mich allein!«

Ihre Brust bebte vom Schlagen ihres Herzens. Sie verharrte starr in ihrer Position und wagte, keinen Laut von sich zu geben. Marco drückte seinen Körper an ihren Rücken und legte einen Arm sanft um ihre Taille. Er drückte sie fest an sich. In ihr brannte ein Feuer. Fester und fester drückte er seinen

Arm um ihren Bauch, sie spürte das schnelle Pochen unter seiner Brust und seinen Atem, wie er ihr Ohr streifte. Sie legte ihre Hand auf seinen Arm und ihren Kopf zurück auf seine Schulter. Sein Atem beschleunigte sich und sein hartes Glied stemmte sich gegen ihren Po. Sie spürte es. Das war Wahnsinn!

»Wollen wir den Abend gemeinsam fortsetzen?!«, flüsterte er ihr ins Ohr und streifte mit den Lippen ihren Hals.

In diesem Moment öffnete sich die Tür. Die Welt um sie herum hatten sie völlig vergessen. Erschrocken fuhren sie auseinander, niemand hatte etwas bemerkt.

Die Leute ordneten sich. Marco griff nach Lucies Hand und zog sie aus der Menge. Sie verließen das Haus. Schnell zog Marco sie hinter den nebenstehenden Imbisswagen. Thomas, Timo und Julia standen bereits draußen und warteten. Lucie beobachtete sie mit schlechtem Gewissen, als Marco ihr einen Finger auf den Mund legte.

»Der Abend gehört uns«, sagte er und zog sie durch die Nacht.

Beide verließen den Rummel und ließen das Treiben hinter sich. Er hielt ihre Hand fest und sah sie auf dem Weg durch die vielen kleinen Gassen immer wieder an.

Sie passierten einige Neubaublöcke und stoppten auf einem verlassenen Gelände hinter einer unbesetzten Fabrikhalle.

»Hier parke ich!«, sagte er mit seinem typischen Lächeln.

Da sah sie ein Auto stehen, sein Auto. Wie oft hat sie schon in ihm gesessen und sich nach Marcos Nähe gesehnt.

Er öffnete die Tür des schwarzen Wagens, ließ sich seitlich auf den Sitz fallen und betätigte den Knopf des Radios.

»Ich muss dir unbedingt die CD vorspielen. Die ist unglaublich!«, sagte er begeistert.

Sanfte Töne erklangen zu der weiblichen Stimme der Sängerin.

Marco stieg aus und ging zu Lucie. Er legte einen Arm um ihre Hüfte und zog sie zu sich heran. Es war unglaublich, seine Nähe zu spüren. Er legte seinen Kopf auf ihre Schulter und sie starrten beide in den Sternenhimmel und genossen die Stille um sich herum. Auf einmal begann er, zärtlich an ihrem Hals zu saugen. Ein Prickeln durchzog sie, und sie zuckte zusammen. Er bemerkte ihre Aufregung, sah sie an und näherte sich ihren Lippen. Vorsichtig streifte er mit den seinen ihre Unterlippe und seine Zunge drang in ihren Mund. Er ließ sie wieder rausfahren und verspielt kreiste er um ihre Zunge. Er zog Lucie fester an sich. Wieder spürte sie seinen festen Penis, wie er sich gegen sie drückte.

Ein Geräusch ließ sie zusammenzucken und sich umdrehen. Aber Marco schob sich an sie, und sie lehnte ihren Rücken gegen seinen Körper. Er schloss die Arme um ihren Bauch. Sie sah in den Himmel. Es waren wunderschöne Sterne am Himmel heute. Sein Atem strich über ihren Hals. Sie bekam eine Gänsehaut. Noch immer spürte sie das Pochen seines Gliedes an ihrem Po. Er strich über ihren Bauch und begann, langsam ihre Hose zu öffnen. Lucies Herz schien sich zu überschlagen.

»Lass uns noch mal ganz neu anfangen!«, bat Marco, während er mit der Hand in ihren Slip fuhr.

Sie blieb stumm und versuchte, ihre Erregung zu unterdrücken, aber sie war längst zu feucht, und Marco begann, mit seinen Fingern in ihrem Slip zu spielen. Sie wollte ihn spüren. Langsam bewegte er seinen Finger auf und ab. Lucie wollte fliegen. Immer fester drückte er zu und immer schneller ließ er seine Hand kreisen. Dann zog er sie zurück.

»Dreh dich mal um!«, forderte er sie auf.

Mit dem Gesicht zum Wagen stand sie nun hilflos da. Sie wusste, was kommen würde, sie zierte sich, aber sie wollte es. Wie lange hatte sie davon geträumt.

Er drückte sie gegen den Wagen. Mit den Händen stützte sie sich ab. Sie hörte, wie er seinen Reißverschluss öffnete. Sie schaute zu den Sternen. Langsam drückte er sich wieder gegen sie und fuhr fest mit dem Arm über ihren Rücken. Sie bekam erneut eine Gänsehaut. Mit der anderen Hand zog er ihre Hose ein Stück nach unten. Wieder ließ er seine Finger in ihre feuchte Spalte gleiten. Erneut zuckte Lucie zusammen.

»Ich will dich spüren, Lucie!«, flüsterte er.

Er rieb fester an ihrem Kitzler und stieß jetzt einen Finger in sie hinein. Sie stöhnte auf und streckte sich ihm entgegen. Marco hielt seinen starken Mast fest in der Hand und berührte damit behutsam ihre Muschel. Lucie streckte sich ihm weiter entgegen.

»Ich will dich!«, flüsterte sie.

Und schon zog Marcos Hand ihre Lippen auseinander und sein fester Stängel bohrte sich in sie hinein. Sie zuckte. Er stieß zu.

»Ja!«

Fester und fester drückte er seinen Penis in sie hinein.

»Gefällt er dir?«, fragte er scherzhaft und stieß erneut kräftig zu.

Lucie stöhnte auf und griff nach seinem Arm. Schneller und schneller stopfte er ihr Loch. Dann zog er seinen Luststab heraus und drehte Lucie herum. Sie sah ihn fragend an. Er bückte sich und befreite ihre Knöchel von dem lästigen Beinkleid. Sie sah auf seinen starken Harten hinab. Er war prall und fest, glatt rasiert mit einer riesigen Eichel, das konnte sie im schwachen Licht der Straßenlampen ausmachen. Er kam wieder zu ihr hoch, hob ihr linkes Bein an und drang ruckartig wieder in sie ein. Ein kurzer Schmerz durchzuckte sie. Fest stemmte er seinen Dolch in ihre Lustgrotte.

»Ist das gut so?«, fragte er.

»Ja«, keuchte sie.

Er beschleunigte seinen Takt, während seine Hand suchend nach ihren prallen Brüsten tastete. Seine Zunge bohrte sich wieder in ihren Mund und er stieß und stieß. Dann schrie Lucie. Sie kam und er tat es ihr gleich.

Glücklich und befreit schlang sie ihre Arme um ihn.

»Das wiederholen wir!«, sagte er glücklich.

Gemeinsam kleideten sie sich wieder an. Erst jetzt bemerkten sie, wie kalt es war. Sie zogen sich in den Wagen zurück und lauschten den letzten Klängen der CD.

Dann traten sie langsam den Heimweg an. Lucie wollte diese Nacht nicht ohne ihn zu Ende gehen lassen und bestand auf seine weitere Gesellschaft. Schließlich war es ihre Wohnung.

Die Fahrt ging schnell. Flüchtig sah sie auf ihr Handy und bemerkte mehrere Nachrichten von Thomas und Julia auf dem Display. Sie schaltete es ab.

Sie betraten den Flur des Neubaublockes, in dem Lucies Wohnung lag. Es war bereits nach ein Uhr nachts. Als Lucie ihre Tür erreichte, und nach ihrem Schlüssel in der Tasche kramte, spürte sie wieder den harten Stängel von Marco, der sich an sie drückte. Sie schlossen die Tür hinter sich und ließen sich sofort auf dem Teppich im Flur nieder.

SÜNDIGER VIERER IM WELLNESSBAD

In den letzten Jahren habe ich hier im »Wellnesstempel« einiges gesehen. Aber das toppt alles! Sie toppt alles!

Meine Kehle ist trocken, während mein Herz heftig schlägt. Ich nähere mich ihr und starre auf den Badeschaum, der ihren Körper nur halb in der goldenen Wanne unseres privaten SPA-Bades bedeckt. Ich räuspere mich, und sie schaut aus grünen Augen zu mir auf. Sie lächelt und ihr Lächeln verrät mir, dass sie durchaus um ihre Reize weiß.

Mir steigt die Hitze nicht nur in die Wangen. Ich habe noch nie solche Apparate gesehen! Unverhüllt! Sie könnte mich damit erschlagen, wenn sie wollte.

Ich lege die Handtücher, die ich ihr gebracht habe, auf den kleinen Beistelltisch und für einen Moment verstärkt auch der Pfirsichduft ihres Badewassers meine Nervosität. Das ist mir noch nie passiert! Ich lasse den Schwamm fallen, den ich für die Handtücher zur Seite gelegt habe.

Wieder grinst sie mich an, als wolle sie etwas sagen. Ihre Lider sind pink bemalt, ihre Haare künstlich blond. Sie sieht aus wie die Traum-Barbie, nur eben mit Mega-Eutern!

Ich nicke entschuldigend, weil ich sie so lange angestarrt habe, und eile schnell davon. Ich bin froh, dass ich sie im Raum zurücklassen konnte. Noch einen Augenblick länger im Pfirsich-Nebel bei Kerzenlicht und beim Anblick ihrer geilen Brüste und ich hätte mich vergessen.

Ich bin zwanzig, sie ist bestimmt schon Mitte vierzig oder vielleicht schon fünfzig?

Ich lehne mich von außen gegen die Tür und atme tief durch. Meine Erregung ist da und das knallhart! Ich höre etwas. Verdammt! Ich blicke an mir herab, und man kann mir deutlich ansehen, dass mich etwas aus der Fassung gebracht hat. Ich drehe mich wieder der Tür zu und drücke die Klinke herunter.

Doch dann atme ich auf. Es sind Jason und Mick, die den Flur entlangkommen. Sie sind so alt wie ich und wir sind fast so etwas wie beste Freunde.

»He, was ist mir dir los?«, zieht Mick mich auf. »Du siehst aus, als hättest du dir das Gesicht verbrüht.« Er lacht.

»Verbrüht trifft es gut«, sage ich und reibe mir aufgeregt über die Stirn.

»Alles klar?«, fragt auch Jason und sieht mich merkwürdig an.

Ich kneife die Lippen zusammen, doch dann schenke ich

ihnen ein verschwörerisches Lächeln. »Ihr glaubt nicht, was da drinnen in der Wanne sitzt!«, platzt es aus mir raus.

»Erzähl!«

»Barbie mit den Mega-Möpsen!«, erkläre ich tief, und schon das Aussprechen dieser Worte schickt heiße Schauer durch mich.

»Im Ernst?«

Ich nicke, während ich sehr, sehr tief einatme.

»Und es sind nicht ihre breiten Lippen, die ...«, Mick stützt sich auf meine Schulter und deutet auf die Ausbuchtung in meinem weißen Dress, »... das da verursacht haben?«

»Dann aber mal rein da«, sagt Jason keck.

»Wie?«, stammele ich.

Jason lächelt. »Na, heute ist doch Waschtag!«, säuselt er künstlich und schiebt mich von der Tür weg.

Selbstsicher öffnet er sie und schreitet in den Raum. Als er unsere Schönheit erblickt, dreht er sich zu uns und zwinkert.

Mick folgt ihm. Ich zögere noch. Das ist doch jetzt nicht deren Ernst! Wir kriegen noch Ärger! Doch was auch immer mich antreibt, ich folge ihnen und schließe die Tür hinter uns.

Über der Wanne liegt nun tatsächlich ein heißer Nebel. Die ganze Luft des Zimmers fühlt sich feucht auf den Gliedern an, und ich weiß nicht, ob es dies ist, was mein weißes Poloshirt an meinem Rücken kleben lässt.

Sie richtet sich auf und blickt uns irritiert an. Doch Jason lächelt breit. Das Fragezeichen ist ihr ins Gesicht geschrieben. Aber sie lächelt!

Ich starre wieder auf die prallen Geräte, die sie unverhohlen präsentiert.

»Heute ist Waschtag!«, sagt Jason.

Ihre Lippen öffnen sich. Ihr Lächeln wird breiter. »Na, so ein Glück!«, sagte sie und mustert die beiden Neuankömmlinge intensiv. »Drei nette Jungs wollen die Mutti waschen.«

Meine Kehle ist wie zugeschnürt. Wenn ich jemals eine schmerzende Erregung hatte, dann jetzt.

Jason tritt rechts neben die Wanne, Mick links. Ich stehe noch ungläubig davor und sehe zu, wie Jason den Schwamm ins Wasser taucht. Er beugt sich dabei weit hinunter, viel zu weit. Sie folgt ihm mit ihren Augen und behält ihr Lächeln bei. Jasons Lippen berühren fast ihre harten dunklen Knospen! Seine Hand sucht im Wasser, dabei bin ich mir sicher, er hat den Schwamm längst. Seine Finger ziehen lange Bahnen im Wasser. Sie lässt ihren Oberkörper leicht wippen! Nun holt er den Schwamm heraus. Ehrfürchtig marschiert er hinter unsere Barbie. Er streicht beinahe zärtlich ihr Haar zur Seite und tupft ihren nackten Hals mit dem Schwamm ab. Sie legt ihren Kopf in den Nacken.

Mick geht in die Hocke und legt seine Arme auf den Wannenrand. Er schaut ihr in die Augen und dann auf ihre Brüste. Zaghaft steckt er seinen Finger in das Wasser, als wolle er testen, ob die Temperatur auch angenehm ist.

Dieses Zuschauen macht mich wahnsinnig. Jeden Moment könnte jemand von der Leitung hereinplatzen. Wie sollen wir dann erklären, warum wir drei Jungs die Mutti waschen?

Jason lässt den Schwamm nach vorn gleiten. Sinnlich reibt er damit über ihren Hals und zieht weitere Kreise. Fast hat er ihren Busen erreicht.

Mick streicht vorsichtig über ihre Arme mit seinen Fingern. Sie grinst ihn an. Starrt sie auf seine Lippen?

Ich bin wie erstarrt.

Jasons sündiger Schwamm schiebt sich voran! Er bringt Wasser auf ihre heißen Berge. Jason tritt wieder an die Seite. Er taucht den Schwamm noch einmal in das Wasser und drückt ihn direkt auf ihren Knospen aus, erst links, dann rechts.

Sie schließt die Augen und genießt es!

Doch dann öffnet sie die Augen wieder und starrt mich an.

»Und wofür bist du da?«, spricht sie mich an.

Jason lacht und sagt: »Er reicht später das Handtuch.«

Frech zwinkert er mir zu. Ich beiße mir auf die Lippe und versuche, künstlich zu lächeln.

Jasons Spielzeug massiert ihre Brust. Er muss festen Druck ausüben, denn ich sehe, wie sich ihre Haut färbt.

Sie sieht mich weiter an! Ich lecke mir über die Lippen. Sie starrt auf meinen Schoß!

Jason legt den Schwamm weg.

Mein Herz rast schneller. Was tut er?! Mit seiner blanken Hand knetet er nun ihre fleischige Brust! Ich räuspere mich, doch meine Stimme bleibt weg. Ich schaue zu Tür und wieder auf das Geschehen. Jungs, was tut ihr?!

Doch Jason gibt alles. Er seufzt bedächtig und lächelt, wie ich ihn noch nie zuvor habe lächeln sehen.

Und Mick! Auch er legt Hand an. Er tut es Jason gleich, doch streichelt er sie zunächst nur. Danach knetet er genauso hart.

Sie schaut auf ihre prallen Tüten herunter und lacht.

»Gefallen euch Muttis Brüste?«, fragt sie.

Ich bin im falschen Film. Definitiv!

Jason schiebt seine Hand unter ihr Fleisch und lässt die geile Hupe wippen.

»Und ob!«, stößt er keck aus.

Nervös stecke ich meine Hände in meine Hosentaschen.

Nun ist es Mick, der sich vorbeugt. Was will er tun? Oh Gott! Er will ihre Warze küssen! Ich schaue weg. Nein. Ich kann nicht wegsehen! Was tut sie? Sie legt ihre Hand unter Micks Kinn und zieht ihn von ihrer dunklen Knospe weg. Sie küsst ihn! Sie zieht in heran und verwickelt ihn in ein heftiges Zungenspiel. Jason schnippt in schnellem Rhythmus gegen ihre Warze.

Ich halte das nicht aus!

Micks Gesicht färbt sich rot. Und nicht nur das! Ich kann sehen, dass unsere Barbie sein Gemächt genauso prall werden lässt.

»Was habt ihr Jungs der Mami denn zu bieten?«, flüstert sie und ihr Tonfall ist so heiß, dass es mir durch und durch geht.

Jason schaut mich verwegen an.

»Was meinst du?«, stößt Mick angestrengt aus.

Sie lässt ihre nassen Finger aus dem Wasser gleiten und zieht Jason an seinem Polohemd so weit über die Wanne, dass er fast ins Wasser fällt. Sinnlich lässt sie ihre Hand über seinen Hosenschlitz fahren.

»Oh Mann, Baby!«, raunt er ihr zu.

»Jungs, ich glaube, das geht zu weit!«, mahne ich, obwohl ich längst gefangen in dieser Szene bin, die sich mir da bietet.

»Wir haben einen Spielverderber!«, raunt Barbie mir zu.

Doch Jason hat längst seine Hose geöffnet. Seine Finger sind hastig. Er befreit seinen harten Prügel!

Oh verdammt! Ich schaue wieder zu Tür.

»Aber dein Freund will spielen!«, neckt sie mich mit verwegenem Blick und beugt sich über den Wannenrand zu Jason hinüber.

Oh Gott! Sie nimmt seinen Schwanz in den Mund! Jason seufzt tief und konzentriert. Ich starre auf ihre breiten Lippen, die genussvoll an Jasons Schwanz saugen. Auch Mick öffnet jetzt seine Hose. Während sie Luft holt, starrt sie auch auf seinen Blanken. Meine Brust hebt sich schwer. Doch sie zieht weiter Jason vor und holt tief Luft. Wieder schließt sie ihre Lippen um seinen Prügel. Sie saugt! Oh Gott, wie sie saugt!

Mick wird begierig. Er beugt sich tief hinunter und fummelt hastig an ihren Titten herum.

Sie macht eine Pause und lässt mich aufatmen. Barbie starrt mich an! Sie grinst gemein. Dann winkt mich heran.

Ich schüttele verneinend den Kopf. Ich kann nicht anders, als wieder auf die Mega-Möpse und die Riesenschwänze zu blicken.

»Der Junge ist im Dienst«, zieht sie mich auf. »Aber Mutti muss noch untenrum gewaschen werden«, raunt sie mir zu und greift nach dem Schwamm. Sie hält ihn mir hin.

»Nun mach dir nicht in die Hose!«, sagt Jason streng, als sei ich der Grund dafür, dass sie seinen Schwanz nicht weiter verwöhnt.

Ich trete an die Wanne heran. Unsicher nehme ich ihr den Schwamm ab. Sie spreizt verrucht ihre Schenkel. Ich zögere. Doch nun richtet unsere Barbie sich auf. Sie hockt sich direkt vor mich. Mit gespreizten Schenkeln sitzt sie auf ihren Knien und lacht mich mit ihrem Blick aus. Sie nimmt den Schwamm und ein Stück Seife.

Ich schlucke schwerfällig. Meine Kehle ist ausgetrocknet. Und ich bin mir sicher, all mein Blut steckt gerade in meinem Pimmel.

Statt dem Schwamm reicht sie mir jetzt die Seife. Ihre Augen erlauben es nicht, dass ich ihrem Blick ausweiche. Ich kann sie nicht ansehen. Ich erliege ihr. Wahnsinn! Ich versuche, mich auf ihren pinken Lidstrich zu konzentrieren, doch das macht das Hämmern in meinem Schoß nicht besser. Sie drückt meine Finger fest um die Seife und zieht meine Hand ins Wasser. Oh Gott! Was tut sie?

»Mutti ist dreckig«, erklärt sie mir tief. »Da muss man ordentlich scheuern.«

Ich kann hören, wie Jason es sich neben mir selbst besorgt. Er atmet heftig. Ich wage es nicht, ihn anzusehen. Ich bin wie erstarrt.

Doch unsere Barbie presst meine Hand mit der Seife an ihre Spalte. Oh verdammt! Sie ist nicht einmal behaart!

»Ordentlich scheuern!«, raunt sie mir befehlend zu.

Sie führt meine Hand heftig über ihre gespreizte Mitte. Sie seufzt laut. Viel zu laut! Sicher hört man sie auf dem Flur!

Meine Wangen brennen wie mein Schwanz. Sie übt mehr Druck auf meine Hand aus.

Mick hockt sich hinter sie. Er beobachtet erst uns und dann Jason.

Ich stoße einen Laut aus, der mir peinlich ist. Sie führt meine Hand so gekonnt, dass die Seife ein Stück weit in sie eindringt!

»Hoppla!«, flüstert sie und prompt zieht ihre Zunge eine lange Bahn auf meiner Wange.

Oh Barbie! Ich merke gar nicht, dass sie ihre Hand längst von meiner gelöst hat. Ihre Zunge sucht meine und ich steige in ihren Kuss ein, der dem wilden von Mick in nichts nachsteht. Ich schiebe die Seife weiter in sie. Ihre Laute unter meinem Kuss sind Wahnsinn. Die Seife rutscht wieder aus ihr. Ich versuche nicht, sie im Wasser zu finden. Ich stoße meinen Finger in sie und ficke sie damit vorsichtig. Sie lässt meinen Mund frei und lächelt. Dann hebt sie ihren Arsch. Oh Gott! Sie reitet meinen Finger!

»Mutti! Mutti!«, keucht Jason.

Er tritt neben mich und fast berührt sein Prügel dabei mein Gesicht. Er wichst ihn hart, ohne Scham. Mehr und mehr bäumt sich sein Glied auf.

»Komm Mutti!«, sagt er drängend und tief und schlägt seine pralle Eichel gegen ihre Wange, bis sie ihm den Kopf zudreht.

Wenn das ein Traum ist, dann der geilste meines Lebens.

Jason wichst, schneller! Oh Gott! Es kommt ihm! Sein Sperma schießt auf ihre Lippen. Ich kann nicht anders, ich reibe meinen Finger hart über die wulstige Spalte, die ich zu fassen bekomme. Das Wasser schwappt heftig wegen meiner heftigen Bewegungen.

Mutti seufzt. Sie stöhnt. Abgehakt. Geil.

»Komm schon, Mutti!«, zieht Jason sie auf.

Doch Mutti krümmt sich längst und schenkt mir die heißteste Show, die ich je miterleben konnte. Ihr Orgasmus beschert mir einen, ohne dass ich sie richtig gefickt habe. Was für eine Frau!

»Na Mutti, das schreit aber nach einer Fortsetzung!«, sagt Jason selbstsicher. »Oder kannst du es nicht mit uns drei Jungs aufnehmen?«

Sie wippt noch immer seicht im Wasser, während ich meine Hand an meinem Shirt abwische.

»Mit euch nehme ich es doch immer auf. Aber seid ihr Manns genug für mich?«, neckt sie uns und schaut mich wieder so sündig an, dass ich glaube, ich bin ihr erstes Opfer.

Jason lacht. »Wir sind drei Männer mit ordentlicher Manneskraft!«

In diesem Moment öffnet sich die Tür. Es ist Charlene, die für ihre Massage kommt. Entsetzt schließt sie die Tür wieder.

Barbie lacht. »Nicht jeder versteht, dass Mutti weiß, was für ihre Jungs gut ist.«

Mick tritt neben uns. Er streicht ihr eine vom Sperma klebrige Strähne aus dem Gesicht.

»Die Jungs brauchen Mutti«, haucht er ihr sinnlich zu.

Verruchtes Spiel mit dem gierigen Chef

Sie fand, dass sie als seine Sekretärin nicht hinter den Messestand gehörte. Aber er hatte ihr versichert, sie müsste nur nett lächeln und gut aussehen, charmant wie er immer war. Sie wusste, er wollte sie einfach als sein stärkendes Rückgrat bei sich haben. Sie wusste, durch ihre Anwesenheit fühlte er sich stark. Sie wünschte, es würde mehr sein als nur das. Sie selbst liebte es so sehr, in seinem Schatten zu baden. Sie liebte diese besondere Magie, die er in ihr weckte. Aber leider war es nur ihre Magie. Als sie die Menschenansammlungen hinter sich ließen, die sie so hasste, ärgerte sie sich darüber, dass sie zugesagt hatte, ihn zu begleiten. Denn es kam doch vor, dass interessierte Besucher das Wort an sie richteten, und jedes Mal musste sie sie vertrösten, bis der Chef gesprächsbereit war. Sie kam sich an diesem Tag vor wie ein Utensil, eins, das da war und von ihm nicht bemerkt wurde.

Umso mehr sah sie es als Wink des Schicksals an, dass da dieser Mann vom Stand gegenüber war, der heftig mit ihr geflirtet hatte und sie letztendlich zum Abendessen eingeladen hatte. Sie hatte zugesagt! Worauf sollte sie auch noch warten?! Sie hatte so viele Jahre verschenkt!

Wütend sagte sie am Messestand: »Deshalb bin ich Büromieze geworden und nicht …«

»Chef?«, warf ihr Chef sofort ein und grinste sie breit an, um seinen Groll über ihre Dinner-Einladung von dem Fremden zu verbergen.

Durch zahlreiche Aussteller bahnten sie sich ihren Weg hinaus und fuhren zurück zu ihrem Hotel. Noch einmal würde sie ihn nicht zu einem Auswärtstermin begleiten, das stand für sie fest.

Und für ihn stand fest, dass er heute Abend mutterseelenallein die Vorzüge seines Business-Tarifs auskosten würde.

Sein Groll wuchs noch, als er auf seinem Bett saß und im Nachbarzimmer des Hotels das Wasser laufen hörte. Er stellte sich vor, wie sie gerade duschte, sich wusch für diesen Fremden, der sicherlich nichts anbrennen lassen würde. Aber er hatte kein privates Anrecht auf seine Sekretärin, was ihn noch mehr zerriss. Wütend und verletzt sah er wenig später, wie sie das Hotel verließ. Er bildete sich ein, dass sie strahlte, obwohl er aus dem zweiten Stock ihr Gesicht nicht erkennen konnte. Ruckartig zog er den Vorhang vor die Scheibe. Er konnte einfach nicht mit ansehen, wie sie sich auf einen anderen einließ. Sie! Seine …! Was auch immer sie für ihn war.

Sie war überhaupt nicht nervös. Schließlich hatte sie nichts zu verlieren. Das Schicksal hatte diesen Mann zu ihr geführt. Er wollte sie kennenlernen, und sie würde sich so geben, wie sie halt war. Das Schicksal würde dann den Rest tun oder auch nicht. In den letzten Jahren hatte sie gelernt, dass man vieles nicht beeinflussen konnte, da bekam das Wort »Schicksal« eine ganz andere Bedeutung.

Sie betrat das Restaurant. Er wartete schon in einem dezenten grauen Anzug und erhob sich freudig, als er sie sah. Er rückte einen Stuhl ab, nahm ihr die Handtasche ab und hängte sie behutsam über die Lehne. Tina lächelte. Er hatte Manieren und eine gepflegte Erscheinung. Höflich reichte er ihr die Hand, um sie kurz darauf zaghaft zu drücken. Die kurze Berührung fühlte sich fremd an. Sie setzten sich und bekamen sofort die Karte gereicht. Schweigsam und angespannt studierten sie sie und gaben kurz darauf ihre Bestellung auf. Tina suchte nach Worten, aber das Gespräch kam nicht richtig in Gang.

Und dann trat er in das Restaurant! Ihr Chef! Wie selbstverständlich trat er an ihren Tisch und begrüßte sie überschwänglich mit einem überrascht schauenden Blick: »Mensch, so schnell trifft man sich wieder?!«

Tina starrte ihren Chef irritiert an. Was machte er hier? Unbeeindruckt von der Szenerie zog er den Stuhl neben dem Fremden ab und setzte sich.

»Ihr habt doch nichts dagegen, dass ich euch Gesellschaft leiste?«, fragte er.

Tina fand keine Worte. Sie wusste nicht, was mehr in ihr hochkochte, die Wut, dass er ihr gefolgt war, oder die Dreistigkeit, mit der er gerade ihr Date störte.

Der Fremde nickte missmutig und rang sich ein Lächeln ab.

»Ich bin Jeffrey«, stellte ihr Boss sich ihm lächelnd vor.

Er fühlte sich sichtlich unwohl und warf Tina einen bösen Blick zu. Nachdem auch ihr Chef sein Essen bestellt hatte, blieb es still am Tisch, auch während alle ihr Essen später in sich hineinschaufelten. Alles, was Geräusche von sich gab, war das Besteck, wenn sich Messer und Gabel berührten. Immer wieder hob ihr Chef sein Glas und nippte lächelnd mit einem Blick auf Tina an seinem Rotwein.

»Es ist doch schön, dass wir den stressigen Tag gemeinsam ausklingen lassen können«, sagte Jeffrey.

Der Fremde räusperte sich verärgert, doch Jeffrey lächelte Tina an. Er sah, dass sie vor Wut kochte. Er liebte jegliche Emotionen an ihr und gerade, wenn sie eingeschnappt war, mochte er sie am liebsten. Ihre Wangen bekamen dann kleine Grübchen und eine zarte Röte. Er wünschte, er könnte ihre Wut mit Küssen ersticken. Das konnte er nicht, aber er konnte dafür sorgen, dass dieser Anzugtyp sich auf kein zweites Date mit ihr verabreden würde. Heute war scheinbar der Tag, an dem es ums Ganze ging. Wenn nicht heute, wann denn dann?

Tina funkelte ihn böse an. Sie fragte sich, ob er einfach nur naiv war oder mit purer Absicht hier aufgetaucht war. Doch plötzlich war sie irritiert. Sie spürte, wie ein Fuß ihr Bein hinauffuhr und es zärtlich streichelte. Sie schaute beide Männer prüfend an. Keiner zeigte eine Regung. Die Bewegungen an ihrem Knöchel wurden intensiver und jagten ihr einen Schauer über den Rücken. Sie prüfte den Gesichtsausdruck ihrer Verabredung. Er stocherte verärgert in seinem Essen herum.

Ihr Chef wiederum lächelte sie an und hob noch einmal sein Glas. Er strich mit seinem Finger langsam um den Rand und setzte zaghaft seine Lippen an, ohne den Blick von ihr abzuwenden. Erneut strich ein Bein ihren Knöchel hinauf. Sie bekam eine Gänsehaut. Ihr Chef würde das doch nicht tun, oder? Wie gern würde sie unter den Tisch schauen! Aber die Blöße wollte sie sich nicht geben. Sie beobachtete ihn. Das Bein verschwand, doch er sah sie weiter an. Er nahm sein Glas in beide Hände und strich mit den Fingern über das Glas. Er vertiefte sich in das Kreisen seiner Finger, ließ sie schneller rotieren und schaute Tina ernst an.

Spielte er mit ihr? Tina bewegte sich in einem Schauer aus Wut, Neugier und Nervenkitzel. Plötzlich erhob sich der Fremde wütend und beendete mit einem ernsten Abnicken die Verabredung. Tina schoss auch hoch.

Verärgert knallte sie ihr Besteck auf den Tisch. »Das haben Sie ja toll hingekriegt!«, zischte sie ihren Boss an.

»Waren wir nicht schon beim Du?«, fragte er lächelnd.

Er freute sich über seinen Triumph. Er hatte kein schlechtes Gewissen. Tina eilte zur Tür und wollte dem Flüchtenden nachlaufen, doch dann blieb sie stehen und starrte zum Tisch.

»Ich mach das schon!«, rief Jeffrey und meinte die Rechnung.

Verstört trampelte Tina zurück zum Tisch, ergriff ihre Handtasche und ließ Jeffrey sitzen. »Die Rechnung zu zahlen, ist die geringste Wiedergutmachung!«, zischte sie und rannte hinaus.

Irritiert stand sie vor dem Restaurant und blickte durch die Fensterscheibe zurück zu ihm. Das Date war ihr ganz egal. Aber was war das gerade mit ihm gewesen? Warum tat er das?

Jeffrey zahlte und ging. Er fühlte sich mies. Er hatte kein Recht, so mit ihr umzugehen und ihr das Glück zu nehmen. Aber er wollte doch, dass sie sein Glück war, seins allein. Er sah in ihr viel mehr als nur seine Sekretärin, nur hatte er ihr das wohl nie gezeigt. Jetzt war sie diesem Typen wahrscheinlich nachgerannt, und er hatte sie wohl auf ewig verloren.

Wütend seufzte er und stellte sein Glas Sherry auf das verlassene Klavier in der Hotellobby. Die letzten Gäste hatten sich in ihre Schlafgemächer zurückgezogen. Er war mutterseelenallein, wie prophezeit, doch sie, sie war noch immer nicht zurückgekehrt. Er wollte sich nicht betrinken. Er wollte ihr bei klarem Verstand sagen, was er von diesem Typen hielt, aber sie kam nun mal nicht.

So eine Hotellobby konnte verdammt einsam sein. Er klappte die Abdeckung des Klaviers hoch. Er hatte nie zu spielen gelernt, aber jeder Ton, den sein Finger hervorbrachte, war wie ein Seelentrost in dieser Stille.

Er bemerkte nicht, dass sie hinter ihm stand. Sie machte sich bemerkbar, indem sie aus ihren unbequemen Schuhen stieg und sie wütend auf das Klavier stellte.

»Ich warte auf eine Erklärung!«, sagte sie energisch.

Er erschrak und sah sie entsetzt an. Dann lächelte er. Doch das Lächeln erstarb schnell.

»War es ein schöner Abend mit ihm?«, fragte er.

Jetzt lächelte Tina, und zwar übertrieben. »Oh ja, sehr. Mein Date ist verschwunden, nachdem mein Chef eingriff.«

Sie griff nach seinem Glas Sherry und leerte es mit einem Schluck.

»Sie sollten nicht trinken«, sagte sie.

Er lächelte und erhob sich. »Du aber auch nicht!«

Er nahm ihr das leere Glas ab, legte seine Arme auf ihre Hüften und noch ehe sie ein Wort der Überraschung herausbekam, setzte er sie auf das Klavier, was ein Kauderwelsch aus Tönen verursachte. Seine Hände ruhten noch auf ihren Hüften.

Er erstickte ihre fragenden, überraschten Blicke mit wenigen Worten: »Ich will nicht, dass du ausgehst.«

Sie schaute ihn fragend an. Sollte er es doch endlich sagen! Sie spürte wieder ihre besondere Magie und wusste, dass er das auch tat. Doch er schwieg. Tina legte ihre Arme um seinen Hals. Sie spürte, das Pochen einer Ader – ein schnelles, nervöses Pochen. Sein Hals war heiß. Sie strich mit dem Finger von seinem Haaransatz hinunter bis zu den Knochen seiner Wirbelsäule, die sie nachmalte. Er schloss die Augen. Ruckartig zog er sie an sich.

»Warum willst du nicht, dass ich ausgehe?«

Ihr Finger strich wieder hinauf, bis hinter sein Ohr und in seine Ohrmuschel. Sie bemerkte die Gänsehaut, die er bekam, und sie fühlte das Pochen, das zwischen seinen Schenkeln immer stärker wurde. Ihr Finger strich wieder hinunter und stoppte am ersten Knopf seines Hemdes, er hüpfte hinunter zum nächsten Knopf. Sie zählte sie. Als sie den letzten erreicht hatte, erreichte das Pochen in seiner Hose seinen Höhepunkt. Es war ein wildes Pulsieren. Sein Glied drängte sich gegen sie. Jetzt spielte sie mit ihm! Langsam zog sie das Ende seines Hemdes aus seiner Hose und öffnete den untersten Knopf. Er sah sie einfach nur an, während sie Knopf für Knopf öffnete und schließlich mit beiden Händen zärtlich über seinen Oberkörper strich.

»Ist das deine Rache?«, flüsterte er traurig.

»Sag mir, was es ist!«, gab sie forsch zurück.

Er antworte nicht. Er sah sie einfach nur an, dann nahm er ihren Kopf zwischen beide Hände und drückte ihr einen Kuss auf die Lippen.

»Nur ein flüchtiger Kuss?«, flüsterte sie. »Mehr ist nicht übrig für mich?«

Er sah sie weiter schweigend an. Sie strich über seinen Bauch. Ihr Finger kreiste über seinen Bauchnabel. Sie beugte sich vor und ließ erneut das Klavier erklingen. Sie senkte ihren Kopf und ließ ihre Lippen seine Haut berühren. Die Gänsehaut, die er bekam, erregte sie fast mehr, als das Beben seiner Lenden, das sie in sich aufnehmen wollte. Ihre Zunge strich über seine Brust, umging absichtlich seine aufgerichteten Nippel.

Sie wollte, dass seine Lust ihn quälte. Ihre Hand strich wieder über seinen Bauch, doch sie hielt nicht inne. Kurz ließ sie ihre Zungenspitze seinen Nippel berühren, während sie seine Hose öffnete.

»Ich warte noch auf eine Antwort!«, flüsterte sie.

Ihr warmer Atem auf seiner Haut ließ ihn erschauern. Sie führte beide Hände in seine Hose und seufzte, als sie durch seine Shorts hindurch sein Glied erfühlte. All seine Gefühle hatten sich hier gesammelt, das spürte sie mehr als deutlich. Sie entlockte ihm noch immer kein Wort, doch als sie dann in seine Shorts fuhr, ertastete, was sie erwartete, und seine Eichel umrandete, stöhnte er gepresst auf.

Er stützte beide Hände auf das Klavier und lehnte seinen Kopf gegen ihren Oberarm, als sie begann, seine Vorhaut zärtlich vor- und zurückzubewegen. Das Gefühl seiner prallen Erregung zwischen ihren Fingern und sein angestrengtes Seufzen sorgten dafür, dass ihr Unterleib vibrierte. Jeder Laut, der aus ihm drang, war wie ein Stoß, der tief in sie hineinging.

»Ich will dich!«, stöhnte er schließlich, als ihr Daumen über seine Eichel rieb, zärtlich seine ersten Lusttropfen verschmierte.

»Wofür?«, flüsterte sie frech und rieb nun an ihm, so schnell sie konnte.

Prompt richtete er sich auf und hielt ihre Hand zurück.

»Für mich. Für immer«, gab er zurück und hob plötzlich energisch ihre Schenkel an.

»Das müssen wir noch mal ausdiskutieren!«, sagte sie leise und stützte ihre Hände auf das Klavier.

»Ich will jetzt nicht diskutieren!«, sagte Jeffrey entschlossen.

Sie sah, dass er schnell seine Hose öffnete. Sie hätte nicht gedacht, dass sie ihn so rasend machte, aber sie genoss es und wollte sich ihm willenlos hingeben. Sie schob ihr Kleid hinauf und legte ihre Beine fest um seinen Rücken.

»Schon mal Sex in einer Hotellobby gehabt?«, flüsterte sie und zog ihn mit den Beinen dichter an sich.

»Noch nicht, aber gleich!«, gab er angestrengt zurück.

Er hatte sein Glied befreit. Er führte es zwischen ihre Schenkel, rieb es an ihrem Slip. Gleichzeitig ließ er Eichel und Finger darüberstreichen, bis er spürte, dass sie ihre Beine immer fester an ihn presste. Er zog ihren Slip nur ein Stück zur Seite. Sein Glied verband sich mit ihrer Nässe. Tina lehnte ihren Oberkörper weit zurück. Ihre Hand strich über ihre Brust. Er wiederholte sein langsames Eindringen immer wieder und wieder, löste sich von ihr, rieb an ihr und schob sich erneut tief in sie. Er sah, dass er damit ihre Lust ins Unermessliche steigerte. Sie spreizte ihre Beine immer mehr, und er gab sich Mühe, noch tiefer in sie zu tauchen. Sie verrückt zu machen, war viel schöner, als sie eingeschnappt zu sehen. Er stieß fester zu und dann kam sie, richtete sich auf und war lauter als das Klavier, das sie erneut zum Spielen brachte.

Sie funkelte ihn an, als er sich von ihr löste. Sie senkte ihre Beine und rutschte vom Klavier. Sie schob den Klavierhocker mit dem Fuß zur Seite und trat vor ihn. Wieder legte sie beide Hände um seinen Schaft. Sie massierte ihn mit einer Leidenschaft, die ihn wild aufstöhnen ließ. Sie verwöhnte sein Glied mit wilden Bewegungen und leckte sich dabei zärtlich über die Lippen.

Er sah, wie lustvoll sie auf sein Glied guckte und der Anblick sie erneut erregte. Seine Eichel war dick und gerötet. Erneut ließ sie ihren Daumen darüber kreisen. Sie machte ihn verrückt!

»Was hättest du denn getan, wenn ich das mit ihm getan hätte?«, provozierte sie ihn.

»Sag das nie wieder!«, stöhnte er.

»Weil?« Sie rieb noch schneller an ihm.

Er konnte nicht mehr antworten. Alles, was aus ihm kam, war ein verschwommener, lustvoller Laut.

Endlich ergoss er sich, und während sein Saft heiß in ihre Hände rann, antworte er leise, aber entschlossen: »Weil du zu mir gehörst!«

Vom neuen Chef genommen

Er war skeptisch, ob so ein junges Mädel, das direkt aus der Lehre kam, den Anforderungen, die so ein großes Unternehmen an eine Sekretärin stellte, gerecht werden konnte. Er hatte dem Vorstellungsgespräch beigewohnt, die Entscheidung aber der Personalabteilung überlassen. Die junge Frau hatte mit ihren Zeugnissen überzeugt.

Doch als sie jetzt den Raum betrat, waren diese Zweifel vergessen. Ihr Erscheinungsbild war ganz anders als das, was er nach dem Gespräch erwartet hatte. Sie trug einen weiten, dunkelblauen – fürs Büro viel zu kurzen – Rock, darüber eine hellblaue Bluse und eine dunkelblaue Krawatte. Dachte sie, als Sekretärin der modernen Zeit müsste man sich so kleiden? Er schaute weiter an ihr hinab. Sie trug weiße Kniestrümpfe und Turnschuhe, die ihrem heißen Outfit ein Klein-Mädchen-Flair gaben. Sie trug eine schwarze Brille und ihr Haar zum Pferdeschwanz gebunden. Sie wirkte wie eine Figur aus einem Anime-Film.

Aber dennoch konnte er seinen Blick nicht abwenden. Ihre heiße Uniform und ihre kindlichen Gesichtszüge lösten etwas in ihm aus, was ihn zunächst irritierte. Er sah ihr nach, als ihr ihr Schreibtisch in der Redaktion gezeigt wurde. Er stand in der Ecke, seinem schräg gegenüber. Ihre Vorgängerin Marina hatte sich – hochschwanger – bereiterklärt, ihre neue Vertretung durch den Tag zu führen und ihr das Tagesgeschehen näherzubringen.

Inzwischen war dieses Näherbringen wohl so gut wie abgeschlossen, denn die Neue setzte sich mit einigen Ordnern im Arm direkt an ihren Tisch. Er sah, wie sie die Beine übereinanderschlug. Der Anblick ihrer nackten Beine reizte ihn. Er musterte ihre Bluse. Sie verbarg sehr gut, was sich darunter versteckte. Er fragte sich, ob sie wohl viel Oberweite hatte oder nicht. Ob sie bewusst durch ihr Outfit mit ihren Reizen spielte? Oder wusste sie gar nicht, wie sie damit wirkte? Im Bewerbergespräch war sie grau, trist und zurückhaltend erschienen.

Plötzlich blickte sie auf, sah ihn direkt an. Ihr Gesicht zeigte keine Regung. Schnell sah sie weg und wieder hinunter in ihren Ordner. Doch was tat sie? Sie öffnete die obersten Knöpfe ihrer Bluse, strich über ihren Hals und stellte die Beine nebeneinander. Er konnte ihren weißen Slip sehen! Tat sie das gerade bewusst? Wollte sie ihn provozieren? Er atmete schneller. Sie hatte es geschafft. Er spürte, dass ihre Reize seine Hose füllten. Wie alt mochte sie sein? Achtzehn, Anfang zwanzig? Ihre Haut war weiß, erschien zart, faltenlos und rein. Make-up trug sie nicht.

Er atmete tief ein und intuitiv wanderte seine Hand in seinen Schoß. Während um ihn herum der geschäftige Redaktionsalltag lief, verstärkte er den Druck seiner Hand auf seine Hoden. Er war erregt!

Sie erhob sich und schritt zielstrebig mit einigen Papieren in der Hand auf den Kopierer neben der Tür zu. Ihr Rock hob und senkte sich wie ihr Pferdeschwanz. Sie war eine sehr schlanke Gestalt. Er beobachtete, wie sie die Unterlagen auf das Vorlagenglas legte. Und dann streikte der Kopierer. Sicher gab es wieder einen Papierstau!

Irritiert stand sie vor den Knöpfen, als Marina neben sie trat und sie anherrschte, ob sie denn nicht mal einen Kopierer bedienen konnte. Und dann war er überrascht!

Die graue Maus antwortete taff, selbstsicher und souverän: »Jedes Gerät ist anders. Ich habe nicht Tausende Bedienungsanleitungen im Kopf!«

Doch dann bückte sie sich und behob den Schaden. Marina stand sprachlos da. Er musste schmunzeln. Angeregt sah er auf ihren rundlichen Po, der unter dem Rock hervorlugte, als sie das Papier wieder in die richtige Kassette legte. Er rieb an seiner Hose. Was immer sie ihm da auch für eine Neue ins Büro gesetzt hatten, er genoss ihren Anblick. Er hob seine Hand schnell, als Marina ihn mürrisch ansah.

Er winkte sie heran und meinte: »Sag der Neuen bitte, sie möchte mir einen Kaffee bringen.«

Marina nickte.

Ja, er wollte, dass sie ihm nah gegenüberstand. Er wollte ihr in die Augen sehen. Sie würden ihm verraten, ob sie bewusst provokant oder einfach nur ein merkwürdig gestylter Teenie war. Es dauerte nicht lange, bis sie mit der Kaffeetasse auf ihn zuschritt. Sie mied seinen Blick und reichte ihm schüchtern die Tasse. Er musste schmunzeln, als sie sich wort- und blicklos wieder hinter ihren Schreibtisch zurückzog. Das gefiel ihm noch mehr. Zu den Kollegen hart und taff und dem Vorgesetzten gegenüber respektvoll und zurückhaltend. Er würde die Nuss schon knacken. Er war zwar schon ergraut, aber an seiner Manneskraft hatte er nichts verloren. Er würde ihr noch etwas beibringen können! Inzwischen freute er sich über die Entscheidung der Personalabteilung. Er stellte sich vor, wo er sie überall als Ausgleich zum stressigen Redaktionsgeschehen vernaschen konnte. Im Materiallager, am Kopierer, auf seinem Schreibtisch, wenn die Kollegen gegangen waren.

Während er mit der rechten Hand seine Tasse nahm und gedankenverloren daran nippte, wanderte seine andere in seine Hosentasche. Oh ja, sie hatte sehr viel seiner Manneskraft zum Leben erweckt. Er sah wieder zu ihr hinüber, während er unmerklich, aber für ihn intensiv spürbar, seinen Schaft massierte.

Flüchtig blickte sie zu ihm auf. Sie bemerkte die Hand unter seinem Tisch, beobachte ihn kurz ohne Regung und schlug dann wieder die Beine übereinander. Sie strich über ihr nacktes Knie. Sie machte ihn wahnsinnig! Bewusst oder unbewusst? War sie ein ganz verruchtes Mädchen oder einfach eine Brave, Schüchterne, die sich unbewusst bewegte und seiner Fantasie einen Streich spielte? Er musste es herausfinden! Er sehnte herbei, dass die Redaktion sich endlich leerte, und winkte Marina heran.

»Marina, danke für deine Unterstützung heute. Das hat super geklappt. Ich entlasse dich jetzt wieder in deine Babypause und wünsche dir, dass alles gut läuft mit dem Baby«, sagte er.

Sie verabschiedeten sich freundlich. Schwer atmend sah er, wie sich Kollege für Kollege verabschiedete. Die Neue saß noch geschäftig über den Unterlagen. Wahrscheinlich wartete sie auf den obligatorischen »Sie können dann auch Feierabend machen«-Satz. Aber den würde sie nicht zu hören bekommen. Er lächelte in sich hinein. Immerhin hatte das Unternehmen versprochen, ihr bei der Wohnungssuche in der neuen Stadt zu helfen. Darüber musste er sich dringend mit ihr unterhalten. Er knetete seinen Schaft fester und verlor sich in unanständigen Träumen.

Als der letzte Mitarbeiter sich verabschiedet hatte, winkte er sie zu sich heran.

»Nehmen Sie Platz!«, sagte er.

Schweigend tat sie es. Anstatt elegant die Beine übereinanderzuschlagen, saß sie wieder schüchtern da. Bein an Bein, wie in der Schule. Sein Glied pulsierte. Ihre Zurückhaltung reizte ihn. Er wollte ihre jugendliche, frische Haut berühren und noch ganz andere Dinge mit ihr machen. Ob sie enger war als die Frauen, die er kannte? Ob sie ein regelmäßiges Sexleben hatte?

Jetzt sah sie ihn an. Sie hatte tiefdunkle Augen. Ihr Blick sorgte dafür, dass ihn ein Schauer durchlief und er sich unruhig erhob. Er trat zu ihr vor den Schreibtisch und setzte sich auf die Tischkante. Sie konnte seinem Blick nicht lange standhalten und wich ihm aus.

»Sie suchen also eine Wohnung«, sagte er. »Mit welchem Budget haben Sie gerechnet? Wir werden natürlich versuchen, Sie bei der Wohnungssuche zu unterstützen.«

Sie räusperte sich. Dann bemerkte sie die Ausbuchtung seiner Hose und schaute sofort weg. Sie schlug die Beine übereinander und beugte sich leicht nach vorn.

So konnte er in ihr Dekolleté sehen. Ihre Rundungen waren klein und zart. Der einfache weiße BH wirkte jugendlich. Wieder fragte er sich, ob sie das bewusst tat. Sie machte ihn wahnsinnig. Das drängende Pochen, das sie in ihm hervorrief, war kaum noch auszuhalten. Er konnte nicht anders, er streckte seinen Arm, griff nach ihrem Kinn und zog es in seine Richtung.

»Schau mich an!«, rief er und erschrak über seine Worte.

Was tat er hier? Er war Unternehmenschef! Doch als sie ihn mit dieser kindlichen Naivität ansah, konnte er sich nicht halten. Er griff nach ihrem Arm und zog sie hoch, fest an seinen Körper, legte seine Hand auf ihren Rücken und presste sie an sich. Noch immer sagte sie nichts und zeigte keine Regung.

»Sprich mit mir!«, herrschte er sie an.

Es war ihm egal, was passierte. Seine Lust hatte die Kontrolle übernommen. Er sah, dass sich unter der dünnen Bluse ihre Knospen abzeichneten. Das war doch endlich eine Regung! Und zwar eine, die ihn noch mehr anspornte. Er schob seine Hand von ihrem Rücken unter ihren Rock und auf ihren Po und griff fest hinein. Sie sah ihn nur weiter stumm an.

»Du sagst kein Wort? Ich kann also alles mit dir machen?«

Er lächelte mit einem wilden Gesichtsausdruck und schob

seine Hand nach vorn. Wenn sie es nicht wollen würde, könnte sie ja den Mund aufmachen, oder? Seine Hand fuhr ihre Schenkel hinauf und streifte ihren Slip. Es törnte ihn noch mehr an, dass sie ihn reglos mit ihren dunklen Augen ansah. Dann schob er seinen Finger in ihren Slip. Erregt atmete er laut aus, als er spürte, wie feucht sie dort unten war.

Bewusst, dachte er. Bewusst hatte sie mit ihm gespielt.

»Oh Baby, du sagst keinen Ton und spielst die Unschuld, dabei bist du so geil erregt!«, seufzte er und ließ seinen Finger schnell reibend über ihren Kitzler gleiten.

Ihr Schweigen bescherte ihm einen weiteren Lustschauer. Er zog seine Hand wieder weg, trat einen Schritt zurück und sah sie fordernd an.

Endlich veränderte sich ihr Blick! Fragend sah sie ihn an. Er trat näher, und mit einem festen Ruck riss er die Knöpfe ihrer Bluse auseinander und stieß sie hinunter auf den Schreibtischstuhl. Geschockt sah sie ihn an. Sie stützte sich auf den Lehnen auf, als er sich über sie beugte und ihre kleinen Brüste knetete. Gierig schob er die Schalen ihres BHs hinunter und leckte mit seiner Zunge über die erhärteten Knospen. Endlich entspannte sie sich. Er spürte, wie ihre Anspannung nachließ. Er schnippte mit dem Finger gegen ihre Knospen.

»Willst du noch immer nicht sprechen?«, fragte er erregt.

Sie antworte nicht. Weder lächelte sie noch verrieten ihre Augen, was sie dachte.

»Ich könnte es dir jetzt also heftig besorgen und du würdest weiter schweigen?« Provokativ öffnete er seine Hose.

Sie sah flüchtig hinunter und schnell wieder hoch.

»Du bist nicht grundlos feucht, mein Mädel!«, flüsterte er und griff erneut nach ihrer Hand.

Er zog sie hoch und stieß sie gegen den Tisch. Er stellte sich hinter sie und presste seinen Körper fest an sie, während er ihren Oberkörper auf die Tischplatte drückte. Seine Hand wanderte wieder auf ihre Brust, die sich so zart und frisch anfühlte, während er mit der anderen Hand ihren Po knetete und seinen Unterleib daran rieb.

»Gib dich nicht so schüchtern. Muss ich die Worte aus dir herausprügeln?«

Er verstärkte seine Schwingungen. So etwas hatte er noch nicht erlebt! Aber es machte ihn irgendwie auch extrem geil, wie sie sich verhielt.

»Soll dein neuer Chef es dir besorgen?«

Stille. Sie ließ ihn ausrasten.

Er zog ihren Slip herunter, zog ihre Pobacken auseinander und drang ohne Vorwarnung in sie ein. Sie stützte sich auf, gab aber weiter keinen Laut von sich. Er bewegte sich schneller und fester in ihr. Er hatte tatsächlich das Gefühl, dass ihre Muskeln sein Glied fester umschlossen, als er es bisher gewohnt war. Sie ließ ihren Oberkörper hinunter auf die Tischplatte. Langsam ärgerte er sich darüber, dass sie ihm überhaupt keine Bestätigung gab. Aber er würde sie schon zum Schreien bringen. Dann musste sie etwas sagen. Grob stieß er noch einmal fest zu. Doch sie ertrug auch diese harten Stöße. Sie brachte ihn zur Weißglut! Er schlug auf ihren Po. Sie blieb stumm.

Er löste sich von ihr und zog sie wütend hoch, entschlossen, böse Worte auf sie niederhageln zu lassen. Er zog sie an ihrer Krawatte zu sich. So geil, wie ihn ihr Schweigen auch machte, so sehr ärgerte er sich aber auch darüber, dass sie so still blieb unter all seiner Energie.

Doch dann wendete sich das Blatt. Diesmal stieß sie *ihn* auf den Bürostuhl. Sie kniete nieder, zog mit einem Ruck den Stuhl zu sich und nahm sein Glied in ihre Hände.

»Also doch ein verruchtes Luder!«, seufzte er, als sie seinen Stab genüsslich in ihren Mund schob und ihn wieder hinausgleiten ließ.

Dann sah sie ihn an, genauso stumm und ohne Lächeln, aber sie hatte es in sich, mit geübten, schnellen Bewegungen brachte sie sein Glied zum Kochen. Jetzt zog sie ihn hoch und deutete auf den Tisch. Er legte sich bereitwillig herauf und war stolz auf seine Manneskraft, die steil emporragte. Was hatte dieses verruchte Luder vor? Er atmete schnell und beobachtete, wie sie ihren Slip auszog und zu ihm auf den Tisch kletterte, doch nicht etwa, um ihn zu reiten. Sie hob ihren Po über sein Gesicht und führte seine Hand unter ihren Rock. Das gefiel ihm. Sofort begann er, sie wild zu fingern, und das, was er vorfand, gab ihm die Bestätigung, dass seine Aktion sie genauso geil machte wie ihn.

Er zog ihre Lippen auseinander und gab alles. Als sie sich weit nach vorn beugte und erneut seinen prächtigen Stab in den Mund nahm, stöhnte er lustvoll auf. Er schob einen Finger in sie und imitierte das Stoßen, das er jetzt in ihrem Mund ausführte. Er würde es nicht lange aushalten können. Sie hob und senkte ihren Po, als säße sie auf ihm. Als wären es nicht nur seine Finger, die in sie drangen. Diese kleine, versaute Sekretärin würde er nicht mehr gehen lassen.

»Fick mich!«, drängte er. »Zeig mir ganz, was in dir steckt!«

Sie drehte sich herum. Sie lächelte. Endlich!

Dann erklang ihre Stimme, jugendlich zart und etwas schüchtern: »Wie hätten Sie es denn gern?«

Sie stieg auf ihn und schob sein Glied zwischen ihre Schenkel. Sie schob sich genussvoll auf ihn und presste ihre Arme auf seine Brust.

»Ganz egal. Tu es einfach.«

Dieses Luder machte ihn so geil. Allein ihr Anblick reichte aus, um ihn zur Raserei zu bringen, diese weißen Strümpfe, der wippende Pferdeschwanz. Und dann begann sein kleines Mädchen, ihn wild zu reiten. Und sie hatte Ausdauer! Sie ließ ihn nicht atmen, nahm ihn fest in sich auf, bewegte sich in Raserei und presste ihre Schenkel wild gegen seine Beine. Sie rieb ihre Hände über seine Brust. Sie spürte es prall in sich. Der Anblick dieses älteren Herrn, ganz in seiner Lust versunken, brachte sie in Ekstase. Sie würde diesen geilen Luststab explodieren lassen. Und dann passierte es! Triumphierend beugte sie sich zu ihm hinunter.

»Hab ich meine Arbeit gut gemacht, Chef?«, flüsterte sie ihm ins Ohr.

Ihr Atem war heiß. Er bekam eine Gänsehaut und stellte fest, dass er schweißgebadet war. So einen Ritt hatte er noch nicht erlebt. Sie erhob sich, band ihre Bluse mit einem Knoten zusammen und richtete ihre Krawatte. Er richtete sich auf.

»Der Chef wird viele Überstunden anordnen, fürchte ich«, sagte er ernst und schaute auf ihre Knospen, die sich noch immer hart in der Bluse abzeichneten.

Sie nickte stumm, als würde sie sich für das gerade Geschehene schämen. Aber das musste sie nicht. Dazu würde es jederzeit wieder kommen, und wenn er es dienstlich anordnen müsste.

NACHSCHICHT MIT DEM HEISSEN CHEF

Er fand sie schon immer ganz niedlich, doch als sie heute das Büro betrat, raubte sie ihm die Sinne. Er kannte sie grau und unscheinbar und war froh, dass sich ihre Kommunikation auf wenige Floskeln, wie »Drucken Sie mir das bitte aus!« oder »Kopieren Sie mir das bitte«, beschränkten. Denn er hatte aus seinem Fehler gelernt, sich auf eine Angestellte einzulassen. Er sah, wie sie sich an ihren Schreibtisch setzte. Er blickte sich um. Er war nicht der Einzige, der überrascht war.

Die Kollegen nickten begeistert. So hatten sie Cecil noch nicht gesehen. Nicht nur, dass sie das erste Mal ihr langes Haar offen trug, sie trug auch ein knalliges Rot, einen hochgeschnittenen Overall. Um ihren Hals lag eine schwarze Kette. Alles in allem unterstrich ihre heutige Optik ihr latein-amerikanisches Flair.

Aber es war noch etwas anderes, was dafür sorgte, dass er sie das erste Mal richtig ansah. Es war ihr Lächeln! Sie hatten sich nie wirklich angesehen bei ihren flüchtigen Unterhaltungen, aber jetzt lächelte sie ihn an! Und dieses Lächeln ging ihm durch und durch. Er sah schnell hinunter auf seinen Schreibtisch, doch er ertappte sich dabei, wie er sie schon wenig später wieder beobachtete. Ihr schwarzes Haar berührte ihre Unterlagen, wenn sie schrieb. Sie hatte sich herausgeputzt und nun schämte er sich dafür, dass er für ihren besonderen Tag nichts anderes übrig hatte als einen plumpen Blumenstrauß.

Er zögerte seine kurze Ansprache so weit wie möglich hinaus, doch irgendwann musste er sein Team zusammentrommeln. Anders als sonst, war er nervös, als er den Blumenstrauß in den Händen hielt, um ihn ihr zu ihrem 10-jährigen Dienstjubiläum zu überreichen. Die Kollegen warteten auf seine Zwei-Minuten-Ansprache. Als sie vor ihn trat und ihn anlächelte, fehlten ihm die Worte. Er rang nach Luft. Nie hatte er sich in ihren Augen verloren, aber die dunkle, glänzende Weite, die er nun darin fand, machte ihn fast besinnungslos.

Sie nahm ihm den Strauß ab, als ein Kollege ihn anstieß. Cecil! Sie lachte! Er öffnete den Mund und überlegte, doch was er herausbrachte, war nur: »Alles Gute! Schön, dass Sie so lange bei uns sind.«

Die Kollegen klatschten. Er hatte es schmerzlos hinter sich gebracht, kurz und plump. Er schämte sich, als alle nach dieser kurzen Zusammenkunft an ihre Arbeit zurückkehrten. Er setzte sich an seinen Schreibtisch und beobachtete sie weiter. Was war los mit ihm? Sie trug doch nur eine andere Farbe!

Aber diese Augen! Sie verführten ihn. Er hatte nie zuvor ihre Schönheit und Tiefe bemerkt. Er sah, wie sie ihre Unterlagen sortierte. Er sollte seine Rede fertigstellen, doch seine Finger lagen auf der Tastatur.

Er war in ihren Anblick versunken und kehrte erst in die Realität zurück, als sein Geschäftspartner ihn anstieß: »Da hat wohl jemand sein Herz verloren!«

Er erschrak. »Nein«, wehrte er sofort ab.

»Das sehe ich«, scherzte sein Partner und zeigte auf die Tastatur.

Seine aufliegenden Handflächen hatten wahllos und ungewollt eine wilde Zeichenfolge in sein Programm geschrieben.

Er lächelte ertappt. »Vielleicht hast du ja recht. Aber ich würde nie …«

»Warum? Es muss nicht immer schiefgehen.«

»Nein. Sie würde denken, ich bin erst durch ihre heutige Kleidung auf sie aufmerksam geworden.«

»Vielleicht trägt sie die ja bewusst, um deine Aufmerksamkeit zu bekommen?« Sein Kollege lächelte verschwörerisch.

Er sah zu Cecil. Sie lächelte ihn erneut an. Es war ein ungewohnt schönes Kribbeln, das durch seinen Bauch lief.

»Sie ist seit Jahren meine Sekretärin. Wie sollte ich ihr mein plötzliches Interesse erklären?«, sagte er. »Ich will nicht, dass sie einen falschen Eindruck bekommt.«

»Da mach dir mal keine Sorgen. Ich denke, darüber könnt ihr euch heute beim Firmenbowling unterhalten«, sagte sein Kollege.

»Wieso? Sie würde doch nie mitmachen?!«

»Ich habe eine kleine Notlüge benutzt.« Sein Partner grinste verschmitzt. »Ich muss doch hier mal etwas zum Laufen bringen. Ich habe ihr gesagt, ich falle aus. Da alle anderen Mädels im Büro mit ihren langen Kunstnägeln nicht in die Bowlingkugel passen, müsste sie herhalten, weil wir ja unbedingt fünf Leute brauchen.« Er zwinkerte ihm verschwörerisch zu.

»Und das hat sie dir geglaubt? Sie hasst solche Veranstaltungen. Und du verzichtest aufs Bowlen?«

»Ein Dienst im Zeichen der Liebe.« Er zwinkerte und entfernte sich.

Und sofort versank er wieder in ihrem Anblick. Was war plötzlich mit ihm geschehen? Es gab gerade nichts Erotischeres als sie, wie sie sich hinunterbeugte, die Schublade aufzog und Papier in den Kopierer legte. Er spürte förmlich ihre Rundungen, hatte das Gefühl, sie mit seinen Händen zu berühren. Er hatte den Wunsch, sie festzuhalten. Das Kribbeln in ihm breitete sich aus. Er lehnte sich zurück und fantasierte. Was immer dieses Lächeln auch mit ihm gemacht hatte, es sorgte dafür, dass er erregt hinter seinem Schreibtisch saß und hoffte, dass es niemand bemerkte.

***

Der Feierabend kam schneller als gewollt. Während eines hektischen Telefonats hatte er nicht bemerkt, dass Cecil gegangen war. Er ärgerte sich darüber. Er glaubte nicht, dass sie wirklich zum Bowling erscheinen würde. Cecil war die ruhige Seele, die sich gern aus allem raushielt, insbesondere, was Firmenveranstaltungen anging, also sicher auch beim wöchentlichen Bowling.

Als er das Firmengelände verließ, sah er sie! Sie stieg in den Bus. Er sah, wie ihr langes Haar zur Seite wehte, als sie einstieg. Es dauerte lange, bis er in der Lage war, in die Tiefgarage zu gehen und seinen Wagen zu starten. Die Frau, die jahrelang fast stumm an seiner Seite gearbeitet hatte, hatte es geschafft, eine ungeahnte Lust in ihm zu wecken, und er konnte sich nicht erklären, warum. Diese wachen dunklen Augen verfolgten ihn, und der Gedanke, ihrem Blick ausgesetzt zu sein, stimulierte ihn, während er in seinem Wagen in der Tiefgarage saß und seine Handfläche über seine Hose kreisen ließ. Er verlor sich ganz in dem Bild von ihr in seinem Kopf, stellte sich vor, wie sie sich vor ihm hinunterbeugen würde, wie sie es am Kopierer tat. Er stellte sich vor, wie er seine Hand zwischen ihre Beine fahren lassen würde. Er schloss die Augen und fühlte sich vollkommen allein mit seiner Fantasie. Er ließ seine Hand in seine Hose wandern und beendete, was er begonnen hatte.

***

Pünktlich war er im Bowlingcenter und wartete an der Bowlingbahn auf die Ankunft seines Teams.

Cecil kam zu seinem Erstaunen als Erste. Sie trug kurze rosa Shorts und eine weiße Bluse. Ihre Beine wirkten unendlich lang. Sofort war das drängende Kribbeln wieder da. Sie lächelte und wieder versank er in ihren dunklen Augen, mit dem Wunsch, sie auf der Stelle an sich zu reißen.

»Es tut mir leid. Aber Sie müssen wohl doch ohne mich spielen«, sagte sie.

»Warum?«

»Ich habe noch einen Termin.« Sie wurde rot.

Er lächelte. »Cecil, wir wissen doch beide, dass Sie keinen Termin haben.«

Sie lächelte und wurde noch roter. »Ich habe noch nie in meinem Leben eine Bowlingkugel in der Hand gehabt. Ich will mich nicht vor den Kollegen blamieren.«

Er lachte und nickte. »Das ist ganz einfach.«

Er griff nach einer Kugel und trat neben sie. Er wurde nervös, doch gekonnt stellte er sich hinter sie und legte ihr die Kugel in die Hand.

»Mit den Fingern hinein. Dort den Daumen.« Sein Körper berührte ihren Rücken, während er ihren Arm führte. »Und nun das Ganze an der Bahn!« Er beugte sich mit Cecil hinunter.

Er roch ihren Duft und sog ihn zitternd ein. Intuitiv legte er die andere Hand auf ihre Hüfte. Cecil drehte sich zu ihm herum und sah ihn überrascht an. Er konnte nicht anders, als sie fest an sich zu drücken. Ihre Augen hielten ihn erneut gefangen. Er nahm all die Wärme auf, die von ihr ausging, wollte sich sofort entschuldigen, doch dann lächelte sie.

»Gehört das auch zum Bowling?«, fragte sie.

In diesem Moment traf der Rest der Truppe ein.

Sofort löste sich Cecil von ihm, was ihm einen Stoß versetzte. Wollte sie nicht so innig mit ihm gesehen werden? Für ein Spiel war er sich zu schade. Aber sie spielte ja nicht, er war derjenige, der ihr erlegen war und dem Drang, sie zu fühlen, nicht widerstehen konnte.

Die Kollegen freuten sich über die ungewohnte Anwesenheit von Cecil. Aber sie entschuldigte sich und ging.

»Ich bringe Cecil kurz zu ihrem Termin«, sagte er prompt.

Sie sah ihn überrascht an, doch sie verließen zusammen das Gebäude.

Draußen sagte Cecil: »Wie wissen doch beide, dass ich keinen Termin habe.« Sie sah ihn verschwörerisch an.

»Und wo bringe ich dich dann jetzt hin?«

Ihre Gegenwart fühlte sich plötzlich so vertraut an.

Er sah sich kurz um und sagte dann: »Warte kurz. Ich bin gleich wieder da.« Er verschwand in dem kleinen Kiosk auf der anderen Straßenseite und kam wenig später mit zwei Piccolos zurück.

Cecil lächelte, doch er übertraf ihr Strahlen: »Ich denke, heute ist ein besonderer Tag. Wir sollten anstoßen auf deine lange Zeit an meiner Seite.«

»An Ihrer Seite klingt merkwürdig«, sagte Cecil.

»Ja, das stimmt. Das ist noch ausbaufähig.« Er deutete nach rechts. »Setzen wir uns in den Park?«

Cecil nickte. Er hatte das Bedürfnis, sie an ihrer Hand in den Park zu führen, aber er wollte die Magie des Augenblicks nicht durch plumpes Handeln zerstören. Ihr Haar wippte, während sie ging. Seine Augen hingen an ihr. Es war, als würde ihre Energie auf ihn übergehen und ihn erneut zum Pulsieren bringen.

Sie setzten sich unter einen hohen Baum.

»Ich hoffe, das gibt keine Grasflecken!«, scherzte er, als sie sich auf den Rasen setzte, und reichte ihr eine Flasche. »Das ist zwar etwas stillos, aber der Wille zählt.«

Cecil lachte. Sie nahm ihm die Flasche ab und berührte seine Hand. Wieder bestimmte das unbändige Kribbeln sein Handeln. Er strich über ihre Wange und über ihren Hals. Ihre Augen hielten ihn fest. Ihr Lächeln erstarb nicht, als seine Finger über ihre Schulter strichen, ihren Arm hinunterwanderten und ihre Hand suchten.

Er sah, dass Cecil schwer atmete, als er ihre Hand in seine nahm. In diesem Moment setzte der Regen ein.

»Nein! Verdammt!«, rief er.

Sie erhoben sich schnell, doch sie konnten nicht schnell genug aus dem Park fliehen. Ein Platzregen prasselte auf sie nieder, der sie sofort durchweichte. Mit den beiden Fläschchen in der einen Hand und mit ihrer in seiner anderen Hand, eilte er voran. Er wollte sie nicht mehr loslassen. Er rannte mit ihr den Weg zurück. Völlig durchnässt erreichten sie die Tiefgarage, in der er sich sofort an seine intimen Momente am Nachmittag erinnerte.

Cecil lachte laut los. »Was für ein krönender Abschluss an meinem Jubiläumstag! Wenn der Chef einmal mit mir anstoßen will …«

Seine Augen erforschten im Halbdunkel der Garage ihren nassen Körper, ihre Haare, die nun strähnig in ihrem Gesicht hingen, ihr verlaufenes Make-up und ihre durchweichte Bluse, durch die er deutlich ihre Knospen erkennen konnte. Das Verlangen, sie zu spüren, kochte wieder hoch. Er stellte die Flaschen auf den Boden.

»Der Chef will auch immer noch mit dir anstoßen«, flüsterte er. »Und er will, dass der Abend ganz besonders ausklingt.«

Cecil lächelte breit: »Was heißt denn besonders?«

Sie strich über seine Wange. Sofort war seine Erregung wieder da. Er nahm ihre Hand und legte sie in seinen Nacken.

»Haben Sie Ihre Rede schon fertig?«, fragte Cecil.

»Wer wird denn jetzt an die Arbeit denken?« Er lächelte und legte seinen Finger auf ihren Mund, malte dann die Formen ihrer Lippen nach und lehnte sich vorsichtig an sie. Er wusste, sie würde seine Erregung spüren können. Und als sein Körper sie berührte, konnte er nicht anders, als sich zärtlich wippend mit ihr zu bewegen, während sie sich an seinen Wagen lehnte. Er strich über ihre nasse Bluse. Seine Finger umrandeten und erfühlten ihre Knospen. Er spürte, dass sich sein Glied ganz versteifte, während er sie spielerisch streichelte.

»Damit der Abend besonders ausklingt, muss aber noch mehr kommen«, flüsterte sie in sein Ohr und raubte ihm den Atem.

Er sah sie ernst an, trat einen Schritt zurück und lächelte. Er legte beide Hände auf ihre Hose und öffnete sie. Cecil wartete erregt ab, wie weit er gehen würde. Innerlich feierte sie ihren Triumph. Er hatte endlich zu ihr gefunden und sie würde ihn nicht mehr gehen lassen. Jeder klare Gedanke verschwand, als er sich erneut an sie lehnte und seine Hand in ihren Slip schob. Er atmete laut und kräftig aus, als er spürte, dass auch sie nach ihm verlangte. Er spürte es an ihrer vibrierenden Lust. Sein Finger kreiste zärtlich über ihren Hügel, verteilte sanft ihren Saft, während Cecils dunkle Augen ihn unbeeindruckt ansahen.

»Ich weiß, dass es dir gefällt«, sagte er. »Du brauchst dich nicht verstellen.«

Er spielte mit den Lippen an ihrem Ohr, als sie in seins flüsterte: »Ich warte auf mehr.«

Er blickte auf und sah sie frech an, kurz schob er seinen Finger in sie hinein. Er spürte ihr Drängen, so unbeeindruckt sie sich auch gab. Er trat zurück und schob sie zur Seite. Er öffnete die Wagentür und drückte sie gegen den Rahmen des Autos.

»Soll ich dich nach Hause fahren?«, fragte sie.

Spielte sie mit ihm?

»Ganz und gar nicht!«, sagte er tief.

Aus seinen Augen sprach die pure Lust. Er drehte sie herum und drückte sie auf den Fahrersitz. Zärtlich strich er über ihren Rücken, über ihren Po. Seine Fantasie war wieder da. Gedanklich sah er sie am Kopierer stehen, sah, wie sie sich hinunterbeugte, doch nun war sie wirklich da.

Cecil bemerkte sein Innehalten. Sie wollte nicht warten! So viele Jahre hatte sie sich nach ihm gesehnt. Sie nahm seine Hand und führte sie zwischen ihre Beine. Er zog sie zurück. Sie sah ihn fragend an und drehte dann wieder den Kopf. Sie kletterte auf den Fahrersitz und legte ihre Handflächen auf den Beifahrersitz. Frech streckte sie ihren Rücken und ihren Po und warf ihr nasses Haar in den Nacken. Er strich darüber, fuhr die nassen Strähnen bis zu ihren Enden entlang. Er konnte es nicht länger aushalten. Er legte beide Hände auf den Bund ihrer Shorts und zog sie hinunter. Cecils Po wippte leicht. Sie wollte es! Er wusste, er würde sich nicht halten können, und als dann seine Eichel, die sich deutlich vom Schaft abhob, in sie eindrang, schrie er laut auf. All das Kribbeln in ihm sammelte sich in seinem Glied. Erst langsam, dann immer energischer und stärker schob er sich in ihr vor und zurück.

Fest lagen seine Hände auf ihrem Po. Als sie ihren Kopf drehte und ihre Augen ihn erneut gefangen nahmen, vermischte sich sein Saft mit ihrem.

Cecil lächelte. »Feierabend, Chef?«

Er atmete schnell und tief. »Nein. Nachtschicht, fürchte ich.«

Cecil drehte sich herum und sagte: »Das hoffe ich doch.«

Geil verführt beim Vorstellungsgespräch

Für ihn hing viel von diesem Ausbildungsplatz ab, nachdem er seine letzte Lehre geschmissen hatte. Er trug den einzigen Anzug, den er besaß, und wartete auf das Vorstellungsgespräch mit dem Chef der Firma.

Doch die Vorzimmerdame rief ihn in ihr Büro und vertröstete ihn, der Chef wäre noch unterwegs. Er müsste sich also gedulden. Für gewöhnlich hatte er mit der Aufregung kein Problem, doch jetzt wurde er unruhig.

Mirella ließ die Tür zum Chefzimmer angelehnt. Sie wollte mitkriegen, wann ihr Chef einflog. Sie hasste es, dass er stets unpünktlich zu Terminen erschien, aber nun war sie doch ganz froh, dass sie den jungen Mann vertrösten durfte. Sie musterte ihn. Er war groß und schlank, wirkte, als wäre er der gewesen, der in seiner Berufsschule stets für Tumulte gesorgt hatte. Sein Anzug wirkte wie ein Fremdkörper an ihm. Sie schmunzelte. Sie blickte auf seine langen Finger. Schließlich trafen sich ihre Blicke. Er sah überrascht aus.

Seine Aufregung steigerte sich. Jetzt musterte man ihn schon! Doch unbewusst tat er das Gleiche. Sein Blick wanderte über die hellblaue Bluse von der Dame, folgte den Gliedern ihrer auffallenden Kette, die bis in ihr Dekolleté hing, wanderte über ihren dunklen Rock und die langen Beine, die in einer schwarzen Strumpfhose steckten. Wäre die gute Dame nicht gute zwanzig Jahre älter als er, würde er sagen: »Was für eine heiße Schnecke!«

Sie lächelte ihn an und verschwand aus dem Raum. Er atmete auf. Ihm war heiß geworden. Es dauerte nicht lange, und sie kam mit einer Tasse wieder herein. Sie reichte sie ihm. Ihre Hände berührten sich. Wieder lächelte sie.

Sie sah, wie sein Blick in ihren Ausschnitt fiel und dass er sich Mühe gab, die Tasse gerade zu halten. Er pustete und nippte langsam daran. Sie blieb reglos stehen und beobachtete, wie er seine Lippen um den Rand der Tasse schloss. Irritiert starrte er sie an.

Ihm wurde noch heißer. Sie drehte sich um und beugte sich über ihren Schreibtisch. Sie griff nach Zettel und Stift. Er blickte auf ihren prallen Po, stellte sich vor, was sie darunter trug. Er spürte, dass ihr Anblick ihn erregte! Was für ein unglücklicher Zeitpunkt! Er konzentrierte sich auf die Fragen, die er für sein Vorstellungsgespräch durchgegangen war, doch das half nicht gegen die Hitze, die weiter in ihm hochstieg. Sie setzte sich neben ihn, schlug die Beine übereinander und legte ihm den Zettel auf den Schoß.

»Da Sie sich online beworben haben, müssten Sie bitte noch unseren Bewerberbogen ausfüllen.«

Ihre plötzliche Nähe raubte ihm kurz den Atem. Sie roch gut.

»Hallo? Verstanden?«

Er schüttelte sich. Wie musste er sie gerade angesehen haben?

Sie lächelte. Sie spürte Nervenkitzel. Sie wollte das Spiel weiter auskosten, ihr Chef würde ohnehin erst viel später kommen. Sie nahm ihm die Tasse ab, stellte sie auf den kleinen Nebentisch und übergab ihm den Stift. Sie hielt dabei kurz seine Hand fest und sah ihn eindringlich an. Sie schmunzelte, als der hart wirkende junge Mann rot wurde. Sie beugte sich näher zu ihm und erklärte, wie er den Bogen auszufüllen hatte.

Er spürte, wie sich die Hitze in seinem Schoß sammelte. Er versuchte, das aufkeimende Kribbeln zu unterdrücken und begann mit dem Ausfüllen des Bogens. Sie legte ihre Hand auf seinen Oberschenkel. Er ignorierte es. Vielleicht war das auch ein Test, ein Test, den er bestehen musste. Sie ließ ihre Hand höher wandern. Sein Atem beschleunigte sich. Konzentriert schrieb er weiter. Doch als ihre Hand in seinem Schritt stoppte, blickte er auf. War das ein Test?!

Sie senkte den Kopf, hob die Brauen und sah ihn fragend an. Was sollte er daraus schließen? Ihm fehlten die Worte. Sie ließ ihre Hand leicht kreisen und freute sich, denn sie hatte richtig vermutet. Sie hatte es geschafft, ihn zu erregen. Was sie dort fühlte, machte ihr Lust auf mehr, große Lust! Er räusperte sich. Mirella ließ ihre Hand mit leichtem Druck mit ihm spielen. Es fühlte sich schon sehr gut an.

Sie erhob sich, stellte sich vor ihn und griff nach seiner Hand. Er war noch irritierter und versuchte, das Pochen seines Gliedes zu stoppen. Sie zog seinen Arm nach vorn und führte seine Hand unter ihren Rock. Er war wie eine Marionette. Als sie seine Finger an ihren bebenden Hügel führte, war er machtlos gegen das Pulsieren in seinem Glied. Das war mit Sicherheit kein Test mehr! Sie hielt ihn fest und ließ seine Finger über ihre Mitte streichen. Er spürte ihre Nässe durch ihren Slip und die Strumpfhose hindurch. Oder trug sie keinen Slip? Es fühlte sich so glatt, so weich und so feucht an. Er atmete tief durch. Sie rieb seine Finger jetzt fest an sich und bewegte sich in diesem Takt. Sie beugte sich zu ihm herunter und legte die linke Hand auf seine Schulter. Sie gab ein leises Stöhnen von sich, das auch sein letztes Blut hinunter in seinen Schoß schießen ließ.

Er blickte in ihr Dekolleté und sah, wie sich ihre vollen Brüste sanft schaukelnd bewegten. Er konnte nicht anders, er ergriff die Initiative und ließ nun selbst seinen Daumen mit festem Druck über ihre Mitte kreisen. Sie lächelte ihn befriedigt an und belohnte ihn mit einem lauteren Stöhnen.

»Das ist gut!«, seufzte sie.

Er ließ jetzt alle Finger rotieren, mit noch mehr Druck. Sie bewegte sich schneller. Er griff nach ihrer Hüfte und zog sie an sich. Sie schmunzelte. Sie wusste, sie musste ihn nur aus der Reserve locken.

»Nicht so schnell!«, sagte sie gespielt böse und kniete sich vor ihn. »Ich muss doch erst mal schauen, was mich erwartet!«

Sie lächelte und er stieg ein: »Du wirst nicht enttäuscht sein!«

Es war Wahnsinn! Eine viel ältere Frau verführte ihn vor seinem Vorstellungsgespräch, das ihm im Moment sehr unwichtig wurde. Sie legte die Hände an seinen Gürtel und öffnete ihn. Er atmete tief und beobachtete sie. Er konnte es nicht erwarten, dass sie sein Glied berührte. Und dann tat sie es! Sie zog seinen Reißverschluss runter und holte sein Glied aus seiner Shorts! Er stöhnte auf, als sie ihre Hand fest darumlegte.

»Oh ja, ich werde nicht enttäuscht!«, seufzte sie und ließ ihre Hand hinauffahren.

Er legte den Kopf in den Nacken und spreizte die Beine. Zärtlich strich ihr Finger über seine nasse Eichel und ließ ihn erzittern. Langsam senkte sie ihre Hand wieder.

»Was kann ich dir denn Gutes tun?«, fragte sie verwegen lächelnd und öffnete ihre Bluse ein Stück weit.

Sie wusste, das würde ihm gefallen. Energisch griff er nach ihren Händen und führte sie an sein Glied zurück. Das gefiel ihr, ein Mann, der wusste, was er wollte. Sie hielt ihn fest und ließ dann ihre Hand schnell und heftig auf und nieder fahren. Noch mehr seines lustvollen Saftes sammelte sich auf seiner Spitze. Er atmete schneller. Dann zog er sie plötzlich hoch und lächelte.

»Nicht so schnell!«, sagte er.

Er drehte sie herum und schob ihren Rock hoch. Genau das war das, was sie jetzt erwartete. Er schob zärtlich ihre Strumpfhose herunter und zog ihren Po heran.

»Muss ich dich daran erinnern, dass dein Chef jeden Moment kommen kann?«

Sie lächelten beide.

Doch es war zu spät, denn der Chef war bereits angekommen und beobachte beide durch den geöffneten Türspalt. Er war empört und fasziniert zugleich. Er sollte jetzt tobend ins Zimmer stürmen, aber er hing gebannt an dem Geschehen, auf das er sah.

Seine Vorzimmerdame senkte langsam ihren Po. Der junge Mann führte sein Glied langsam in sie hinein, als sie sich auf seinen Schoß setzte. Er umklammerte ihre Brüste. Nein, das ging nicht! Als Vorgesetzter musste er jetzt eingreifen! Das ging nicht! Doch er stand weiter da, schob die Tür noch einen Spalt weiter auf. Sie stöhnten erregt. Er spürte, wie ihre Lust auf ihn überging. Alles in ihm bäumte sich auf, als er sah, wie Mirella sich wild auf ihm bewegte und seine Hand sich jetzt in ihren Po krallte.

Der Chef musste das stoppen. Er wusste, seine Sekretärin ließ nichts anbrennen, aber das ging zu weit! Er unterdrückte die Gier, die das Schauspiel in ihm weckte, und klopfte energisch gegen die Tür. Entsetzt starrten die beiden ihn an. Sofort sprang Mirella auf. Ihr Chef trat ins Zimmer und sah zu, wie sie sich schnell ankleideten. Er war nicht wütend, es war etwas anderes, was in ihm vorging. Der angehende Azubi verschwand, ohne ein Wort zu sagen, aus dem Raum. So musste er ihn wenigstens nicht tadeln.

Der Chef verschränkte die Arme vor dem Körper und sah zu, wie Mirella ihren Rock über die Strumpfhose schob. Ihr Gesicht war rot.

»Ich finde keine Worte dafür!«, sagte er ernst.

Sie mied seinen Blick.

»Wie lange arbeiten wir nun schon zusammen?«, fragte er. »Gehen wir in mein Büro!«

Sie folgte ihm missmutig. Das würde sicher Konsequenzen haben. Er setzte sich an seinen Schreibtisch, während sie schuldig auf dem Stuhl vor seinem Schreibtisch Platz nahm. Er spürte zwischen seinen Beinen, dass die peinliche Szene in ihm das bewirkt hatte, was er seit Jahren in ihrer Gegenwart unterdrückt hatte. Aber jetzt würde er es nicht mehr verdrängen. Jetzt war der Zeitpunkt gekommen, um es endlich rauszulassen!

»Haben Sie mir etwas zu sagen?«, fragte er kühl.

Er wollte, dass sie sich schuldig fühlte. Er wollte ein bisschen mit ihr spielen. Sie nickte nur stumm und sah auf den Boden.

»Sehen Sie mich bitte an, wenn ich mit Ihnen rede!« Er gab sich Mühe, noch ernster zu wirken.

Sein Blick wanderte über ihren Körper. Sie hatte ihre Bluse nicht ganz geschlossen. Er wollte sie fühlen! Er wollte sie schmecken und er wollte es ihr besorgen! Was so ein kleiner Azubi konnte, würde er bei Weitem übertreffen! Sie würde um Gnade flehen! Er konnte nicht verbergen, dass er eifersüchtig war. Sie hatten zwar nie ein enges Verhältnis zueinander gehabt, aber eigentlich war es doch das, wonach er sich immer gesehnt hatte. Sein Glied pochte, als sie den Kopf hob und ihn ansah. Er winkte sie heran. Er musste sich zurückhalten, als sie um den Schreibtisch ging und vor ihn trat.

»Dieser junge Mann kann seine Ausbildungsstelle vergessen!«, sagte er ernst.

Sie nickte stumm.

»Und was uns beide betrifft …« Er winkte sie noch näher heran.

Schuldbewusst wartete sie auf die bösen Worte, die auf sie niederprasseln würden. Doch er sagte nichts. Er saß einfach da und starrte sie an, doch sein Blick wanderte über ihre Strumpfhose, hinauf zu ihrem Rock. Er stand auf. Würde sie jetzt ihren Job verlieren? Doch er ging zu ihr, zog sie vom Stuhl hoch, drehte sie und drückte sie gegen seinen Schreibtisch. Er griff nach ihren Beinen und riss sie auseinander. Schockiert stützte sie sich auf dem Tisch ab. Er zerriss ihre Strumpfhose!

»Meine heiße Sekretärin ist wohl unterfordert und braucht eine Lektion!«, stieß er hervor.

Er fummelte wild an seiner Hose herum. Mirella war reglos durch den Schreck. Als sie sich endlich aufrichtete, hatte er seinen strammen Stab aus der Hose befreit. Sie war irritiert und sprachlos, doch er ließ ihr keine Zeit zum Nachdenken.

Kurz war da ihr Gedanke: *Mein Chef und ich!*

Doch dann hatte er sich bereits zwischen ihre Beine geschoben, seine Finger fest in ihre Oberschenkel gegraben und drängte sein Glied an der zerstörten Strumpfhose und ihrem Slip vorbei. Sie schrie auf, als er schmerzhaft und unvorbereitet in sie eindrang. Sie sah ihn an. Aus seinen Augen sprachen die pure Lust und Gier.

»Fühlt er sich genauso gut an, wie der des kleinen Azubis?«

Er stieß einmal zu. Ihr Schock und ihre Angst legten sich. Sie sah an sich hinab, als er ihn wieder herauszog, um ihn ihr zu präsentieren. Sie schüttelte den Kopf und sah ihn fragend an. Er lächelte.

»Ich werde dir zeigen, was du wirklich brauchst!«, sagte er und drang wieder in sie.

Er genoss ihre Nässe, in der er sich rotierend und zärtlich bewegte. Er wusste, wie er sie zu nehmen hatte. Das Drängen kehrte zurück. Mirella sah ihn an. Seine Gier sorgte dafür, dass sich ihr Inneres überschlug. Sie konnte nicht verstehen, was hier geschah, aber es war verdammt geil. Sie schlug ihre Beine um seinen Rücken, um ihm zu zeigen, dass ihr gefiel, was er tat.

Doch er riss sie von sich und löste sich von ihr.

»Ich erteile dir eine Lektion!«, sagte er und blickte sie gespielt böse an.

Er ließ einen Finger über ihren nassen Kitzler streichen, sodass sie sich seufzend aufbäumte.

»Meine Sekretärin hat nur *mir* zu Diensten zu sein!«

Er senkte seine Hand, rieb über seine Eichel und überlegte kurz. Dann legte er beide Hände auf ihre Schultern und drückte ihren Oberkörper auf den Schreibtisch. Er hob die Brauen und zwinkerte ihr kurz zu. Sie sah ihn fragend an, doch da griff er wieder nach ihren Beinen, riss sie nach vorn und legte ihre Beine auf seine Schultern. Er gab ihr einen Ruck und drang wieder heftig in sie ein. Er hielt ihren Po schmerzlich fest, sodass sie sich unter seinen nun harten Stößen nicht bewegen konnte. Er wollte noch tiefer und fester in sie dringen.

Sie schloss die Augen. Jeder Stoß versetzte sie in einen Rauschzustand. Sie wollte explodieren.

»Sie mich an!«, schrie er.

Sie öffnete die Augen und legte den Kopf auf die Seite.

»Sag mir, wie sich das anfühlt!«, forderte er sie auf.

Sie musste schmunzeln. Er blieb geschäftsmäßig. Er stieß noch fester zu, um sie für das Lächeln zu bestrafen.

»Möchtest du mir zeigen, wie geil es dich macht, indem du mich reitest, wie ihn?«

Er ließ ihre Beine runter, sah sie fragend an und setzte sich wartend auf seinen Bürostuhl.

Sie schaute ihn irritiert an, doch dann erhob sie sich zögernd und stellte sich vor ihn. Sein Glied bewegte sich. Er hielt ihr seine Hand hin.

»Nur keine Angst! Bei ihm warst du doch auch nicht schüchtern!«

Aber es war eine andere Situation. Er war ihr Chef! Aber

jetzt war es ohnehin in vollem Gange, und sie konnte ihr Drängen auch nicht stoppen. Er griff nach ihrer Hand und drehte sie herum.

»Komm, schon! Reite mich!«

Sie senkte sich langsam und schob sich auf sein pochendes Glied. Als sie es ganz in sich spürte, waren alle Gedanken wieder verflogen. Er legte seine Arme um sie und presste sie gegen ihren Bauch, als sie sich hob und fallen ließ. Sie legte ihre Hände darauf und krallte sich in sein Fleisch. Ihre Bewegungen wurden immer wilder und heftiger. Schließlich schrie er laut auf. Sie spürte seinen heißen Saft und verlangsamte ihren Ritt zu einem zärtlichen Ausklingen.

Doch er wusste, es ging noch weiter. Er griff um sie herum und während sie zum Stehen kam, fingerte er sie, so schnell er konnte. Er wollte, dass sie kam, während er in ihr war. Und sie tat es – schreiend und zitternd!

»Auf meine Sekretärin melde ich jetzt ein Patent an!«, sagte er ernst und verschmierte den Saft, der sich zwischen ihren Beinen befand.

FEUCHTES SÜNDENSPIEL

»Du wirst sehen, es wird ein gigantischer Mädelstag!«, rief Lucy freudig.

Jenny rümpfte die Nase.

»Denk bitte nicht an Matthias! Wie kannst du noch mit ihm zusammen sein wollen, wenn er dir gesagt hat, du erregst ihn nicht?«, fragte Lucy. »Wir beide werden heute einen herrlichen Tag hier im Wellnesstempel verbringen!«

Sie stellten ihre Taschen auf das Doppelbett.

»Wir tun etwas für uns. Wir sind die Hauptpersonen. Nach einem bisschen Relaxen wirst du sehen, dass du ihn gar nicht brauchst!«

»Mag sein«, antwortete Jenny missmutig.

»Mädels, ahoi!«, rief Lucy. »Bereit für unseren ›Rock on the Water‹?«

Jenny sah sie fragend an.

»Wassergymnastik, zum fit werden vorm Entspannen!«, klärte Lucy sie auf.

»Warum muss ich erst fit werden, um hinterher zu entspannen?«, fragte sie.

Lucy seufzte. Dann winkte sie ab. »Auf geht's, Süße!«

Träge folgte Jenny Lucy zum Schwimmbad im Erdgeschoss. Wassergymnastik. Lucy hatte so etwas noch nie gemacht und keine Lust darauf. Aber was tat man nicht alles für seine Freundin.

Sie warteten in einer Gruppe älterer Damen, in der Jenny sich wegen ihrer Figur nicht schämen musste. Sie legte ihre Uhr an den Beckenrand und wartete mürrisch. Die Euphorie der alten Herrschaften entrang ihr jedoch ein kurzes Lächeln.

»Meine Damen, sind Sie bereit für unseren spaßigen Wasserkurs?«, fragte ein Mann.

Jenny und Lucy drehten sich um.

Mit einem Sack gelber, platter Reifen kam ein großer, dunkelhaariger Südländer um die Ecke. Die Gruppe wurde lauter.

»Na, hab ich dir nicht gesagt, es wird ein genialer Tag!«, fragte Lucy.

Sie hing mit den Augen an dem trainierten Körper des Schwimmlehrers.

»Du bist doof!«, entgegnete Jenny mit einem Schlag in Lucys Hüften.

»Mein Name ist Juan! Ich werde heute eure Bodys und das Wasser zum Glühen bringen!«, scherzte er und hob begrüßend die Hand. Neben den Mädels stellte er seinen Sack auf den Boden.

»Juan, Feuer meiner Lenden!«, scherzte Lucy leise.

Aber Juan hatte sie gehört. Er lächelte und zog die Augenbrauen hoch, bevor er den Sack öffnete. Jenny wurde rot.

»Halt deine Lust mal ein bisschen im Zaum!«, flüsterte Jenny ihrer Freundin zu.

Juan grinste der Gruppe breit entgegen. »Und damit wir auch Spaß an unserer Gymnastik haben, habe ich meine kleinen Freunde zur Gesellschaft mitgebracht!«

Lucy lachte wieder auf: »Gleich mehrere? Wie schön!«

Juan lachte ihr zu. Jenny stieß sie an. Juan holte einen der gelben Reifen heraus. Die alten Damen begannen zu schmunzeln.

»Das ist jetzt nicht sein Ernst!«, sagte Jenny.

Was er da in der Hand hielt, waren Gummienten und Schwimmreifen mit einem Entenkopf.

»Das wird lustig!«, sagte Lucy.

»Richtig! Es wird ein großer Spaß!«, bestätigte Juan und reichte jedem einen der gelben Reifen.

Nacheinander stiegen sie in das Wasser und bildeten eine Reihe. Jenny verdrehte die Augen, als Juan sich demonstrativ im Wasser vor ihnen positionierte, bereit, ihnen die erste Übung zu zeigen. Lucy nickte ihm zu. Sie genoss Juans Blicke auf ihrem Körper. Gut, dass sie den knappen Bikini gewählt hatte.

»Und nun ordentlich blasen!«, scherzte Juan und zwinkerte Jenny zu, die aber schnell wegsah. »Bringt die Ente zum Stehen!«

Die alten Damen kicherten. Jenny rollte mit den Augen. Juan stellte sich direkt vor sie und starrte sie an.

»Alles klar?«, fragte er.

»Bestens!«, gab sie frostig zurück.

Die Wasserstunde konnte beginnen. Vorbeugen, ein Bein, zwei Beine, festhalten, untertauchen, darüberlegen. Jennys Laune konnte gar nicht schlechter werden, aber sie war froh, dass Juan nun ein paar Meter weiter zu den alten Damen gerückt war.

Da plötzlich geschah es: Es erklang ein pfeifender Ton und Jennys Ente war platt.

»Scheiß Ding! Das auch noch!«, fluchte Jenny.

Juan eilte sofort zu ihr und grinste sie an. »Zu doll geblasen? Hatte wohl Überdruck!«

»Ha, ha, ha!«, entgegnete Jenny genervt.

Er hielt ihr in dem lauten Gekicher der anderen seine Ente hin. Jenny verschränkte die Arme vor der Brust. Juan trat hinter sie. Sein nasser Oberkörper berührte ihren. Er legte die Arme auf ihre und führte ihre Hände an die Ente. Jenny wurde rot.

»Und jetzt vor und zurück!«, sagte er leise. Sein Mund berührte dabei flüchtig ihr Ohr.

Lucy beobachtete das Schauspiel amüsiert.

»Alles klar! Ich weiß schon, wie's geht!«, herrschte Jenny Juan an.

Er stieß kurz seinen heißen Atem in ihr Ohr, und sie spürte, wie er sein Glied an ihr rieb. Er war erregt! Juan ließ wieder von ihr ab, kehrte zu den alten Damen zurück, starrte jedoch immer wieder zurück und auf ihr Dekolleté.

»Der steht auf dich!«, sagte Lucy und stieß sie an.

»Schön für ihn! Ich hab's gemerkt!«, sagte Jenny böse. »Ich hatte gerade seine Gliedmaße an meinem Arsch!«

Lucy rümpfte belustigt die Nase. »Wie? Hast du seinen Schwanz gespürt?«

Juan hatte sich wieder genähert und mitgehört. Jenny wusste, dass Lucy absichtlich etwas lauter gesprochen hatte.

»Noch nicht!«, rief Juan frech.

Jenny wurde wieder rot.

»Na, ich würde ihn nicht von der Bettkante stoßen!«, sagte Lucy.

Jenny war froh, als die Runde vorbei war. Sie wickelte sich in ihr Handtuch und alle folgten Juan aus dem Schwimmbad.

»Geh schon mal aufs Zimmer. Ich hab noch was vor«, sagte Lucy frech und deutete auf Juan, der ihr noch mal zuzwinkerte.

»Nicht dein Ernst, oder?«, fragte Jenny.

»Ich bin hier zum Entspannen«, sagte Lucy keck und verschwand.

Die Bilder in Jennys Kopf überschlugen sich. Sie wusste, ihre Freundin ließ nichts anbrennen, aber dass sie spontan so weit ging, hätte sie nicht gedacht. Sie würde das doch nicht tun … Oder?

Das könnte ich nicht! Mit einem Wildfremden, dachte Jenny auf dem Weg nach oben zum Zimmer.

Ruckartig stoppte sie. Sie hatte ihre Uhr am Beckenrand liegen lassen. Sie drehte um und ging zum Hallenbad zurück. Dort hielt sie plötzlich inne. Sie hörte Geräusche. Ein lautes Stöhnen kam aus Richtung der Umkleiden.

War das Lucy? Sie näherte sich dem Raum, öffnete einen Spalt weit die Tür. Tatsächlich! Jennys Atem setzte kurz aus. Mitten in den Raum hatte Juan den Sack mit den aufgeblasenen Enten geschmissen und obendrauf lag ihre Freundin. Ihre Beine waren gespreizt. Juan drückte sie fest auseinander. Jenny konnte sehen, wie sich die Haut ihrer Freundin neben seinen Handflächen rot verfärbte. Die beiden hatten sich nicht mal die Mühe gemacht, sich auszuziehen. Lucys Bikini war hoch-, ihr Slip zur Seite geschoben. Jenny konnte ihren Blick nicht abwenden, als Juan wild immer wieder in ihre Freundin stieß und diese laut keuchte.

Jennys Blicke wanderten über seinen gebräunten Körper. Ihre Augen hingen an seinem Glied. Groß, prall, dunkel. Sie spürte, wie sich eine wohlige Wärme in ihrem Unterleib ausbreitete. Ihre Muskeln vibrierten. Sie bewegte ihr Becken.

Juans Stöße erregten sie. Sie wünschte sich, sie würde dort liegen und seine Raserei spüren.

Doch schnell ermahnte sie sich: *Nein! So etwas mach ich nicht!*

Sie drehte sich prompt um und stolperte. Lucy blickte hoch. Die Blicke der beiden Freundinnen trafen sich. Lucy grinste Jenny an. Sie kratzte über Juans Rücken, sodass sich sofort rote Striemen bildeten. Juan stöhnte auf und stieß noch fester zu. Jenny flüchtete sofort in Richtung Zimmer.

***

Zehn Minuten später saß Jenny auf ihrem Bett und wusste nicht, ob sie schockiert oder fasziniert sein sollte. Die Situation da unten war fremd und obszön gewesen, und doch war sie erregt. Sie hatte keine Gelegenheit, lange darüber nachzudenken, denn die Tür wurde aufgedrückt. Herein kam Lucy. Mit Juan!

Jenny fuhr hoch.

Juan lächelte breit. »Deine Freundin sagt, du brauchst auch ein bisschen Entspannung!«

Lucy ergriff ihre Hand und zog sie mit sich.

»Was wird das?«, keifte Jenny.

Juan schritt voran aus dem Zimmer.

»Vergiss einfach mal deinen Kopf!«, meinte Lucy.

Jenny gab ihr Zetern auf. Sie wusste, sie hatte keine Chance gegen ihre Freundin und irgendwie reizte sie auch, was hier gerade geschah. Ihre Gedanken überschlugen sich. Juan führte sie vor das Gebäude in den Wellnessgarten. Eingebettet zwischen Liegestühlen, Blumenbeeten und Glaslichtern präsentierte sich ihnen ein sprudelndes Warmwasserbecken. Juan stieg hinein. Lucy folgte ihm, schlängelte sich um seinen Körper und umfasste seinen Oberkörper.

»Na komm!«, rief Juan.

Skeptisch stieg auch Jenny in das warme Nass. Juan hielt ihr seine Hand hin. Zögernd griff Jenny danach. Er zog sie an sich.

Sofort spürte Jenny wieder seine Erregung. Lucy knabberte an seinem Ohr. Sie ließ ihre Zunge in seiner Ohrmuschel kreisen. Juan sah Jenny an, die sofort errötete. Er senkte seinen Kopf, legte seine Lippen an ihren Hals und begann, kreisend daran zu saugen.

Seine Hand wanderte an ihrem Hals entlang hinunter zu ihren Brüsten. Seine Finger wanderten in die Schalen ihres Bikinis. Er grinste Jenny frech an, als er ihre Nippel zwischen seinen Fingern rieb.

»Mir ist jede Frau erlegen!«, flüsterte er.

Jenny hasste solche überheblichen Typen! Und doch drängte sie ihm unbewusst ihren Unterleib entgegen. Lucy trat an ihre Seite. Jenny wusste, was sie dort unten tat. Sie befreite Juans Glied aus seinen Shorts. Es schnellte empor. Jenny spürte es auf ihrer Haut.

»Wollen wir deine Freundin glücklich machen?«, fragte Juan.

Jenny schaute verlegen Lucy an, die zwitscherte: »Aber sicher!«

Juan drehte Jenny herum, während sich Lucy vor sie stellte. Jenny wurde unbehaglich. Juans Hand lag auf ihrem Po. Wie er es bei Lucy getan haben musste, schob er ihren Slip zur Seite. Er verzichtete auf ein langes Vorspiel. Sofort drang er von hinten in sie ein. Ein kurzer stechender Schmerz durchzog Jenny. Es war, als würde sie ein viel zu breiter Stab durchbohren.

Juan konnte sich nicht zurückhalten. Seine Raserei war wieder da. Jenny wandte sich um, doch Lucy hielt sie nun fest.

Jennys Kopf wollte sich durchsetzen, mit den Gedanken: *Ich habe einen Freund! Juan ist wildfremd! Jeder kann uns sehen!*

Doch Juans festes Hämmern erregte sie dermaßen, dass sie nun begann, ihr Becken in seinem Takt zu bewegen. Er hauchte seinen heißen Atem in ihr Ohr, leckte zärtlich daran. Er öffnete den Verschluss ihres Bikinioberteils. Schockiert und fasziniert zugleich ließ Jenny alles mit sich machen und sah zu, wie ihre Freundin sich nun hinunterbeugte und zärtlich an ihren Knospen lutschte. Sie umfasste ihre Brüste, eine Hand links, die andere rechts, während ihr Mund knabbernd und saugend von einer zur anderen Seite wechselte. Juan stöhnte. Er zog seinen Schwanz aus Jenny und drehte sie zu sich herum.

»Gefällt es dir, wenn ich dich so stoße?«

Seine direkte Art machte Jenny sprachlos.

»Die Kleine ist immer noch nicht aufgetaut!«, raunte er Lucy zu.

Er zog Jenny zum Beckenrand. Lucy grinste wieder frech. Sie stiegen aus dem Wasser. Er kniete auf dem Rasen nieder und zog Jenny stürmisch zu sich. Ihr Kopf landete auf dem Grün. Sie hob ihn wieder. Ihre feuchten Haare legten sich auf ihren nassen Busen. Lucy kniete neben Jenny. Ihre Hand strich über die Oberschenkel ihrer Freundin, spreizte ihre Beine. Jenny zuckte zusammen. Sie fühlte sich unsicher unter den Berührungen ihrer Freundin. Aber Lucy ließ sich nicht stoppen. Sie führte ihr Gesicht zwischen ihre Beine. Jenny stieß ein erregtes Seufzen aus, als sich die Zunge ihrer Freundin in ihre nasse Spalte bohrte und nun begann, sie zu lecken. Juan hatte das Schauspiel stumm beobachtet, doch hielt er seinen Penis in seinen Händen.

»Ladys, ich will mitspielen!«, sagte er, richtete sich auf und setzte sich über Jennys Kopf.

Er beugte sich vor, stützte sich mit beiden Armen auf dem Rasen ab. Jenny wurde schwindelig. Sie wollte das nicht! Oder wollte sie es doch? Juan hob einen Arm, führte seine Hand an seinen Schwanz und legte ihn Jenny auf die Lippen.

»Fühlt sich das gut an?«, fragte er.

Jenny blieb reglos.

»Ich weiß, was sich noch besser anfühlt!«, flüsterte er und schob seine harte Eichel in sie hinein, ein kleines Stück nur.

»Willst du mehr?«, seine Stimme wurde tiefer.

Er wartete keine Antwort ab, sondern stieß Jenny seinen Schwanz tief in den Rachen, sodass diese kurz um Luft rang. Doch dann vergaß sie alles. Die Situation hatte sie so aufgeheizt, dass sie nun wild an seinem Glied saugte, als er es wieder herausziehen wollte. Juan gab ihr einen Klaps auf die Wange.

»Ja, so gefällt mir das!«

Er stieß schneller zu. Lucy schob ihren Finger in ihre Freundin, während sie weiter an ihrem Oberschenkel nippte. Sie richtete sich auf, führte nun selbst ihre Hand in ihren Slip und im gleichen Takt, in dem sie mit ihrem Finger an ihrer Freundin rieb, rieb sie auch sich selbst in Ekstase.

Die drei hatten in ihrer Raserei nicht bemerkt, dass sie schon lange beobachtet wurden.

Schließlich reichte es dem Zuschauer. Wutentbrannt kam er hinter den Büschen hervor und schrie: »Bei mir kriegst du die Beine nicht auseinander und hier lässt du dich wundvögeln?«

Alle fuhren auseinander.

»Wer ist das?«, fragte Juan.

Lucy stand genervt auf. »Jennys Freund Matthias! Ein Arschloch!«

Jenny konnte ihn nicht ansehen. Sie schämte sich.

Matthias wollte auf Lucy losgehen, aber Juan ging dazwischen und hielt ihn fest.

»Hey, immer locker bleiben. Was ist dein Problem?«, fragte Juan ruhig.

»Was mein Problem ist?!« Matthias wurde rot vor Wut. »Mir kann die versaute Hure nicht den kleinsten Wunsch erfüllen und hier ist sie die hemmungslose Wildsau! Das ist los!«

Lucy stellte sich neben ihn. »Vielleicht hat sie einfach den falschen Partner«, sagte sie keck. »Mach doch einfach mit!«

Matthias ballte die Hände zu Fäusten. Aber Juan hielt ihn zurück.

Lucy kniete sich hin und rieb an Matthias' Mitte. Sie hatte sich nicht geirrt! Ihre Vermutung war richtig gewesen. Jennys so erboster Freund war genauso erregt wie sie selbst. Wer weiß, wie lange er sie aus dem Hinterhalt schon beobachtet hatte.

»Lass den Mist!«, schrie er Lucy an.

Doch Lucy beschleunigte ihr Reiben, öffnete seinen Hosenschlitz und befreite sein Glied. Matthias wehrte sich noch einmal kurz, doch als sie seinen Steifen in den Mund nahm, stöhnte er lustvoll auf.

Jenny wusste nicht, was sie denken sollte. Sollte sie sich nun schämen, sollte sie eifersüchtig sein? Aber sie dachte nicht lange nach. Jetzt war der Zeitpunkt gekommen, wo sie ihrem Freund beweisen konnte, dass sie nicht das prüde Landei war, für das er sie hielt. Sie kniete neben Lucy nieder. Die Mädels grinsten sich an. Jenny legte jegliche Ängste ab. Auch sie legte nun ihre Lippen an den Prügel ihres Freundes. Fassungslos schaute er nach unten und legte seine Hand um seinen Schaft, wartete darauf, dass Jenny ihn ganz in ihrem Mund aufnahm.

»Na, geht doch!«, sagte Juan.

Er kniete sich hin, zog Jennys Po zu sich heran und drang von hinten ihn sie ein, während sie an ihrem Freund saugte. Nach einer Weile zog er seinen Schwanz wieder raus, drehte sich und stieß ihn in Lucy, die sich ihm schon wackelnd entgegenstreckte. So wechselte er nach jedem Stoß. Und als Matthias endlich seinen Saft über die Brüste beider Mädels laufen ließ, spritzte auch Juan beide Rücken voll.

»Seid ihr nun tiefenentspannt, Mädels?«, fragte Juan.

Jenny und Lucy lachten.

»Es ist noch ausbaufähig!«, sagte Lucy frech.

»Das denk ich auch!«, gab Jenny nun völlig losgelöst dazu.

Matthias sah sie befriedigt, aber auch irritiert an.

Schon allein, dass ich es tue, fühlt sich unglaublich an. Ich bin verrückt! Ich bin verrückt nach ihm! Entweder wird er mich hassen oder er wird endlich seine Gefühle über sich hereinbrechen lassen. Mein Herz klopft schnell. Ich habe mich noch nie so lebendig gefühlt und verdränge die Angst, dass danach vielleicht alles vorbei ist, mein Sinn im Leben nicht mehr mein Sinn ist. Er ist mein Sinn und mein ganzes Streben!

Ich muss einfach endlich herausfinden, ob sie wirklich da ist, diese Verbundenheit zwischen uns, diese Sehnsucht, dieses Verlangen. Ich habe all das doch gefühlt, in seinen Augen gelesen. Oder irre ich mich, allein weil ich es mir so sehr wünsche?

Ich schaue aus dem Fenster der kleinen Maschine, die mich auf den letzten Metern nach Ko Samui bringt. Es war eine Kurzschlussreaktion, eine unüberlegte Entscheidung, die dazu führte, dass ich jetzt hier im Flieger sitze. Ich habe nicht darüber nachgedacht. Als ich auf seiner Seite im Netz las, dass er mit seiner Frau wieder in sein Stammhotel nach Thailand unterwegs ist, musste ich einfach handeln.

Ich war noch nie in Thailand. Ich habe ihm noch nie öffentlich gezeigt, was ich fühle. Vielleicht war es einfach an der Zeit dafür. Und wenn ich mit meinen Gefühlen und meiner Offenbarung untergehe, dann mit Stolz, denn ich habe alles für eine Liebe versucht, die mich schon seit so langer Zeit ebenso quält wie stärkt. Ich liebe ihn! Und ich muss ihm das endlich sagen und sehen, wie er reagiert. Ich kann nicht einfach wieder nur ihre Bilder im Internet ansehen und mir all diese Fragen stellen.

Es hält mich kaum auf meinem Sitz. Wie wird er wohl reagieren, wenn er mich sieht? Wird er böse sein? Wird er sich freuen? Hat er je seiner Frau von meinen Briefen erzählt, die ich ihm so oft schrieb? Ich mag seine Frau und habe immer andere getadelt, wenn sie sich in eine Beziehung drängen wollten. Ich sollte ein schlechtes Gewissen haben. Aber ich kann es nicht. Dafür liebe ich ihn zu sehr! Er ist der, der mich kennt wie kein anderer, der mich nimmt, wie ich bin, der all mein Sehnen, meine Wünsche kennt, aber auch meine Trauer, meine Schicksalsschläge. Nur er blieb immer in meinem Leben, während andere gingen.

Ich schaue hinunter auf die Insel, die so verdammt klein wirkt im Landeanflug. Und plötzlich scheine ich aufzuwachen. Was tue ich hier nur? Gerade noch war ich überzeugt und nun habe ich einfach Angst, sein Leben durch meine Anwesenheit zu zerstören. Ich könnte seiner Frau doch nie wieder in die Augen sehen!

Ich fahre innerlich Achterbahn und nicht nur, weil das Flugzeug unschön auf dem kleinen Flughafen aufsetzt. Soeben war ich noch überzeugt von meinen Gefühlen und davon, dass sie endlich ausgesprochen werden müssen, und nun frage ich mich, wo ich mich denn am besten vor ihm verbergen könnte. Ich will doch nicht seine Ehe zerstören! Aber ich will ihn! Gott, ihr verdammten Gefühle, ihr allein habt mich hierhergetrieben! Mein Martin, was tue ich?

Das Flugzeug steht. Alle Gedanken verfliegen. Ich war noch nie groß im Ausland, vor allem nicht allein. Ich verdränge mein eigentliches Ziel. Viel zu sehr nehmen mich die neuen Eindrücke gefangen. Ich verlasse mit den Passagieren den kleinen Flieger, dessen Tragfläche wackelt, während wir hinabsteigen.

Ich habe mit allem gerechnet, aber nicht mit diesem überschaubaren, idyllischen Flughafen, der sich mir zeigt. Ich schaue auf die hübsch angelegten Beete, die geradewegs zu der offenen Halle führen.

Die schwüle Luft schlägt mir wie eine Wand entgegen. Sofort spüre ich, wie die Nässe in meine weiße Bluse zieht.

Ich bin froh, dass ich zu meinen kurzen schwarzen Shorts nur Sandalen trage. Jeder Zentimeter Stoff wäre jetzt zu viel.

Ich atme tief durch. So fühlt sich also das Land deiner Träume an, mein Martin! Ich bin erschöpft und doch so lebendig wie nie zuvor. Ich kann es nicht erwarten, in mein Hotel zu kommen, in dein Hotel. Wie magst du mich wohl ansehen?

Ich steige in das Tuk-Tuk, eine Art Dreirad, das als Taxi dient und mich zu meinem Hotel bringen soll. Ich kann mich nicht sattsehen an der Schönheit, die mir die Insel bietet. Ko Samui, Kokosnussinsel heißt sie, hat mich mein Reiseführer gelehrt, den ich letzte Woche stolz gekauft habe. Die wahre Farbenpracht der Blumen und Palmen lässt mich frohlocken.

Die Gesichter der Einheimischen sind freundlich. Überall sehe ich lächelnde Gemüter. Ich fühle mich vollkommen losgelöst vom Stress des Alltags. Wer hätte gedacht, dass mich mein Weg einmal auf diese Insel führt? Ich schmunzle. An wie viele Orte hast du mich schon geführt, die ich ohne dich nie gesehen hätte. Ich folge dir überallhin und wenn dies das Ende sein soll, so wird es doch die Reise wert sein. Ich liebe dich! Das alles hier ist dein Leben und gerade in diesem Moment fühle ich mich wie ein Teil davon.

Ich erinnere mich an längst vergangene Zeiten, als ich dir schrieb, wie lieb ich dich habe. Du hast geantwortet: *Gleichfalls, und ich bin stolz auf dich.* Ob du es wohl auch wärst, wenn du jetzt sehen würdest, wie dein kleines, ängstliches Baby hier in diesem Tuk-Tuk sitzt, bereit, dich und ein neues Land zu erobern?

Doch je mehr wir uns dem Hotel nähern, desto nervöser werde ich. Was soll ich tun, wenn du den Kontakt zu mir böse ablehnst, mich ignorierst – wie immer, wenn ich glaube, dass du einfach deine Gefühle verdrängen willst? Wie soll ich meinen Aufenthalt in gerade eurem Hotel begründen? Mein

Herz überschlägt sich. Der Schweiß rinnt mir von der Stirn. Ich atme schwerer. Spüre, dass mein Shirt auf dem Rücken durchtränkt ist.

Nein, ich setze alles auf dich, auf dich und deine Gefühle! Ich will, dass du sie einmal zulässt! Ich tue alles für dich.

Ich lächle meinen thailändischen Fahrer an, der sich freundlich zu mir umdreht. Wir sind gleich da. Ich schaue auf den noblen Hotelkomplex, auf den wir zusteuern.

Ich schaue auf die Uhr. Es ist später Nachmittag. Was ihr wohl gerade macht? Die Bilder in meinem Kopf überschlagen sich ungewollt. Wahrscheinlich ist es euch bei dieser Hitze zu warm draußen und ihr seid im Hotel. Ihr genießt die Zweisamkeit. Nein, diese Bilder will ich nicht! In meinen Träumen kommst du ihr nie mehr nah.

Da steht sie also vor mir, die Villa Samui Blu, meine Residenz für die nächsten Tage. Ich habe mein Gespartes und meine letzten Urlaubstage verbraten. Egal, ich muss diese unendliche Sehnsucht stillen und dich sehen. Ist es nicht grotesk, dass ich ständig mit dir rede und du gar nicht da bist?

Nervös fahre ich durch mein Haar, das sich genauso klamm anfühlt wie meine Klamotten. Ich gebe dem netten Fahrer einige Baht, obwohl mir der Umgang mit dieser fremden Währung noch ganz und gar nicht vertraut ist. Überfreundlich bedankt er sich und ich frage mich, ob ich ihm wohl versehentlich den dreifachen Preis bezahlt habe. Egal, er ist glücklich. Ich schaue ihm nach und erst jetzt bemerke ich, dass wir uns direkt am Meer befinden. Ich kann es am Ende des schmalen Weges erkennen, der von Palmen gesäumt von der Hotelvilla hinunterführt.

Ich schmunzle erneut. Ich fühle mich nicht luxuriös genug für diesen Prachtbau, den ich jetzt stolz betrete. Die hohen Säulen des Eingangs sind nicht weniger imposant als der marmorne Pavillon, dessen Dach weiße Tücher sind, oder der riesige Pool, dessen Wasser so azurblau ist, dass man sich in dessen Farbe verlieren könnte.

Alles riecht blumig und irgendwie anders. Einige Menschen sitzen am Pool. Mein Körper spannt sich an. Nervös schaue ich in die Runde und presse meine Finger um den Griff meines Rollkoffers. Er ist nicht da! Sie ist nicht da. Ich atme auf. Er soll mich auf keinen Fall schon bei meiner Ankunft und so völlig durchgeschwitzt sehen.

Ich trete vor die Rezeption und habe das Gefühl, dass alle Blicke nur auf mich gerichtet sind. Die Hotellobby ist großzügig angelegt. Direkt neben dem Eingang steht ein Billardtisch, daneben hängt eine Dartscheibe. Schräg vor der Rezeption befindet sich eine kleine Bar, die bunt gestaltet mit vielen Reklameschildern zum Trinken fröhlicher Cocktails einlädt.

»Herzlich willkommen auf Ko Samui!«, begrüßt mich die junge, dunkelhaarige Schönheit an der Rezeption. »Hatten Sie eine gute Anreise?«

Ich nicke. Ich bin so aufgeregt, dass mir die Worte fehlen. Auch das Lächeln der jungen Frau fängt mich sofort ein. Hier muss man einfach gute Laune haben.

»Das freut mich. Bitte füllen Sie kurz diesen Meldeschein aus. Ihr Zimmer steht für Sie bereit.«

Meine Finger zittern, als ich meine Daten eintrage und meine Unterschrift unter das Meldeformular setze. Ich rechne damit, dass er, mein Martin, jede Minute um die Ecke kommt und mich hier stehen sieht. Natürlich ist es nicht so, aber der Gedanke ist wahnsinnig aufregend.

»Hier ist Ihre Zimmerkarte. Halten Sie sie einfach gegen den Türknauf. Beim Verlassen des Zimmers schließt die Tür automatisch. Nehmen Sie also immer Ihre Karte mit. Das Frühstück servieren wir Ihnen bis elf Uhr im Inselstübchen nebenan. Gern können Sie es sich auch aufs Zimmer bringen lassen. Den Pool können Sie rund um die Uhr nutzen. Für weitere Freizeitangebote und Ausflugstipps sprechen Sie mich gern an.«

»Vielen Dank«, sage ich und nehme ihr die Karte ab.

»Haben Sie noch Fragen?«

Ich lächle und denke darüber nach, nach Martin zu fragen. »Nein. Vielen Dank«, antwortete ich.

Die Frau zeigt in Richtung Bar. »Der Lift ist dort drüben. Ich wünsche Ihnen einen schönen Aufenthalt.«

»Danke.« Mein Blut kocht wild. Es hört sich für mich an, als hallte das schleifende Geräusch, das mein Koffer verursacht, unendlich laut in der Lobby wider.

Der Lift öffnet sich. Ich trete ein. Die Tür schließt sich. Ich schaue auf den großen Spiegel im Lift. Ich habe mich in meiner Haut und mit meiner Figur nie wohlgefühlt. Aber hier ist mir plötzlich alles egal. Ich fühle mich so unendlich stark. Ich weiß, ich bin bei dir und werde dich bald sehen. Und es muss einfach sein. Ich werde dich mit all dem konfrontieren, was du so verdrängst.

Ich bin gespannt auf mein Zimmer. Die Lifttür öffnet sich und ich hebe meinen Koffer hinaus. Doch dann stockt mir der Atem! Martin! Am Ende des Flures. Unsere Blicke treffen sich. Verstört trete ich in den Lift zurück und drücke wahllos eine Taste.

Hat er mich gesehen? Hat er mich erkannt? Ja, unsere Blicke haben sich doch getroffen! War er schockiert? Ich konnte so schnell keine Regung erkennen. Ich ringe nach Luft, während der Fahrstuhl wieder hinabführt. Mein Martin, wie normal du ausgesehen hast in deinem Inselalltag, an dem ich nie teilhaben durfte! Er hat beige Shorts an, ein weißes Shirt mit schwarzem Schriftzug – Billabong, eines seiner Lieblingsshirts.

Ich kann unmöglich wieder unten in der Lobby auftauchen und drücke erneut auf die Drei. Er wird wohl kaum darauf warten, dass sich der Fahrstuhl wieder öffnet. Wahrscheinlich hat er mich in dem kurzen Moment gar nicht erkannt, rede ich mir gut zu.

Wie mein Blut pulsiert! Wie gern würde ich jetzt sofort zu dir gehen und dich fest in den Arm nehmen! Oh, wie verwerflich ist dieser Gedanke. Wahrscheinlich tust du das gerade mit deiner Frau. Und sie ist so gut zu dir. Ich weiß das. Aber sie ist da, diese unglaubliche Sehnsucht ist da! Ich komme nicht dagegen an.

Meine Beine scheinen unter mir nachzugeben. Ich konzentriere mich darauf, meine Atmung wieder gleichmäßiger werden zu lassen. Es gelingt mir nicht. Als der Fahrstuhl erneut in meiner Etage hält, schließe ich kurz die Augen. Die Tür öffnet sich. Eifrig schaue ich nach links und rechts. Der Flur ist leer und still. Gott sei Dank! Aber er war es, oder? Doch, ich bin mir sicher. Es war Martin! Ob sein Zimmer auf meinem Flur liegt?

Hektisch folge ich dem Pfeil, der mich zu meinem Zimmer weist. Ich will nicht noch auf den letzten Metern eine Begegnung, für die mir gerade noch die Worte fehlen. Schaffe ich das? Meine Beine werden schwerer und doch habe ich das Gefühl, zu fliegen.

Nachdem ich meine Zimmertür geschlossen habe, hechte ich als Erstes zum Fenster. Ich habe keinen Blick für das Meer, dessen Schimmer mich blendet, oder die palmenartige Alleenstraße. Nein, ich muss sehen, ob ich ihn vielleicht auf einem der Balkone sehen kann.

Leise öffne ich die gläserne Tür zu meinem Balkon, die nur angelehnt ist, und luge vorsichtig hinaus. Da ich niemanden sehen kann, husche ich zurück und schließe behutsam die

Tür. Ich fühle mich, als hätte ich Fieber, ein wohliges Fieber, das alles in mir pulsieren lässt. Wir sind an einem Ort! Nur wenige Meter trennen uns. Ich muss ihn sehen. Ich muss seinen Blick sehen. Wie wird er auf meine Anwesenheit reagieren?

Ich habe noch nie so schnell einen Koffer ausgepackt. Wo ich sonst fein säuberlich alles, was ich so brauche, im Bad drapiere, stelle ich jetzt nur alles wahllos ab. Ich kann mich weder konzentrieren noch will ich Zeit verlieren. Ist Martin gerade in sein Zimmer gegangen oder herausgekommen? Vielleicht geht er gerade jetzt zum Pool? Allein? Ohne sie? Meine Gedanken überschlagen sich wieder.

Ich habe nicht vorgehabt, hier baden zu gehen. Da ist das Problem mit meinen lieblichen Pfunden, von denen ich wohl einige zu viel mit mir herumtrage. Ich habe nicht mal einen Bikini eingepackt. Aber mittlerweile sind mir auch meine kleinen Speckrollen egal. Wenn es wirklich so ist, wie ich es zwischen uns gefühlt habe, dann liebt er mich, wie ich eben bin. Unten in der Lobby habe ich einen kleinen Shop gesehen. Vielleicht kann ich da etwas finden, das nach Bademode aussieht und mich trotzdem einigermaßen attraktiv erscheinen lässt.

Ich steige aus meinen Sandalen und schleudere sie achtlos in die Ecke. Meine Füße qualmen, mein ganzer Körper klebt. Aber selbst eine frische Dusche würde nicht lange ihren Zweck des Frischekicks danach erfüllen. Nein, ich kann nicht warten. Ich muss einfach schauen, ob er jetzt am Pool oder am Strand ist.

Ich tausche meine Sandalen gegen einfache offene Latschen ein, greife nach meiner Strohtasche, packe ein Handtuch, ein Buch und meine Sonnenbrille hinein. Mit meinem Portemonnaie in der Hand stürme ich wieder aus meinem Zimmer. Die Stille auf dem Flur lässt mich noch aufgeregter atmen. So schnell hat bestimmt noch kein Tourist eingecheckt und sein Zimmer wieder verlassen. Auf geht's zum Bikinikauf!

Der Laden ist wirklich klein. Auf den vielen Regalen türmt sich alles, was ein Gast so brauchen könnte – Handtaschen, Sonnenbrillen, Sonnencreme, Sonnenschirme, Regenschirme. Ich schmunzle. Regenschirme also auch. Eine Dame, die der an der Rezeption sehr ähnelt, begrüßt mich sofort freundlich. Ich winke ab und dränge mich allein durch das Chaos unsortierter Urlaubsreliquien.

Ich werde fündig. Die Auswahl ist nicht groß, aber dafür die Farbpalette. Ich runzle die Stirn, als ich einen neongrünen Bikini in die Hand nehme, dessen schmales Schlüpferchen wohl nicht mal über meinen Oberarm passen würde. Auwei!

Plötzlich stößt mich jemand an. »Lena, bist du das?« Schockiert starre ich sie an. Es ist Martins Frau! Mia!

Ich schlucke schwer und ringe mir ein Lächeln ab. »Hallo«, sage ich eingeschüchtert.

»Machst du auch hier Urlaub? Das ist ja ein Zufall.«

Mein Lächeln fällt mir schwer. Ich habe diese Situation tausendmal in meinem Kopf durchgespielt, aber nun wollen die Worte nicht kommen.

Mia lächelt. Wie schön sie ist! Wie makellos! Wie rein und weich ihre Haut aussieht! Wie ihre Augen glänzen! Und wie knapp der schwarze Bikini ist, den sie trägt. Wie schlank sie ist! Mein Lächeln erstirbt.

»Schau mal, wer hier ist!«, ruft sie. Panisch schaue ich hinter sie. Da kommt er! Martin! Unsere Blicke treffen sich. Was denkt er? Mein Herz schlägt so schnell und laut, dass ich Angst habe, Mia könnte es bemerken. Ist er geschockt? Sehe ich Qual in seinem Blick? Er scheint sich einen Moment lang sammeln zu müssen. Dann kommt er auf mich zu.

Er scheint nicht wirklich überrascht zu sein. Sein Blick durchbohrt mich und wie immer macht es mich wahnsinnig.

Ich ringe nach Atem und schwitze sofort wieder extrem. Selbst die Klimaanlage des Shops kommt nicht dagegen an.

»Schön, dich zu sehen. Die Welt ist klein.« Er lächelt, als hätte er tatsächlich damit gerechnet, dass ich irgendwann so verrückt sein und ihm folgen würde. »Bist du allein hier?« Seine Stimme klingt tief und ich bin mir sicher, er weiß die Antwort längst.

Ich nicke. Ich spüre genau, wie prüfend Mia uns ansieht. Ich weiß, dass ich jetzt irgendetwas sagen muss, um die Stille nicht peinlich werden zu lassen. Sein Blick hält mich noch immer gefangen. Er wühlt alles in mir auf, absolut alles. »Das Wichtigste habe ich natürlich zu Hause vergessen«, sage ich schnell und deute auf die Bademode.

Mia lacht. »Na dann, ist ja die beste Auswahl.«

Ich versuche, auch zu lachen. Ich sehe, wie Martin mich mustert. Sein Blick ist fragend und neugierig zugleich. »Viel Erfolg«, sagt er. »Bis gleich am Pool, nehme ich an.«

Ich nicke nervös. Mia auch. »Man sieht sich.«

Sie entfernen sich. Ich sehe, dass Mia aufgeregt mit Martin tuschelt. Ich beobachte ihre Körperhaltung genau. Sie lächelt und flüstert ihm etwas ins Ohr. Er lacht nicht. Er wirkt angespannt. Er hat beide Hände in den Taschen seiner Shorts vergraben und scheint abwesend zu sein. Was mag gerade in ihm vorgehen?

Nein, böse war sein Blick nicht, viel mehr überlegen. Ich kann es nicht beschreiben. Ich wende meinen Blick ab, als die Verkäuferin erneut auf mich zukommt. Um ein Gespräch mit ihr zu umgehen, greife ich nach dem einzigen Badeanzug des spärlichen Sortiments. Er ist knallrot, aber immerhin Stoff am Bauch.

Ich verschwinde schnell in die schmale Umkleidekabine, in der die Luft steht. Hier gibt es nicht mal einen Spiegel! Was ist denn das?

»Wenn er passt, können Sie ihn gern gleich anlassen!«, ruft die junge Frau.

Ich seufze resigniert. Ich weiß nicht mal, wie ich in dem Teil aussehe, und soll so hinaus?

Dann muss ich plötzlich lachen. Wer für einen verheirateten Mann und die Liebe bis ans Ende der Welt reist, der kann seinen Astralkörper auch knallrot und eng präsentieren. Schließlich kennt mich hier keiner außer ihm. Außer ihm! Gott, ob er wohl auf pralle Rundungen steht? Missmutig beiße ich mir auf die Lippe.

»Passt es?«, fragt die Verkäuferin erneut. Zimperlich trete ich vor den Vorhang. »Sieht schön aus!«, ruft sie, ihre überdrehte Freude wirkt sehr einstudiert. Ich nicke. Immerhin habe ich gar keine Wahl, wenn ich nicht als neongrüner Frosch an den Pool will.

Auf geht's also! Ich bezahle, stopfe Rock und Bluse in meine Tasche und gehe zitternd an den Pool. Überhaupt bin ich erst ein Mal im Leben an einem Pool gewesen. Zeit, Neuland zu betreten.

Ich muss zurückdenken an alte Tage. Wir haben uns auf einer Veranstaltung getroffen. Ich denke an seine schelmischen Worte. *Was für ein Zufall, dass wir uns hier unten in Bayern treffen!* Ja, und Zufall ist es auch jetzt. Ich lächle verschmitzt in mich hinein. Oh, welche Flügel verleiht die Liebe!

Ich sehe sie sofort. Sie sind im Wasser. Peinlich berührt sehe ich, wie er seine Arme um sie geschlagen hat und sie festhält, während sie das kühle Nass und seine Nähe zu genießen scheint. Ich wende meinen Blick kurz ab, doch dann muss ich einfach wieder hinsehen. *Martin, ich bin deinetwegen hier! Mach das nicht!* Ach, könnte ich ihm das nur sagen.

Selbst im Wasser trägt er seine Sonnenbrille. Ich lächle. Wie gut er aussieht! Er löst sich von ihr. Wie sehr wirkt der Anblick seines freien Oberkörpers auf mich, seine starken Arme, seine breiten Schultern, die vielen Tattoos auf seiner Haut, mit denen er sein Leben, das ihn so geprägt hat, verewigte.

Mir wird schwindelig. Kurz habe ich das Gefühl, der Wirklichkeit zu entgleiten und zu träumen. Aber die Geräuschkulisse holt mich zurück. Es ist voll geworden am Pool. Meine Beine lassen mich fast wanken, während ich auf eine der wenigen leeren Liegen zusteuere.

Wie mag ich wohl aussehen in dem hässlichen Teil? Ich schaue nervös an mir herab. Meine Selbstzweifel sind kurz wieder da, doch dann sehe ich, dass Martin seinen Kopf in meine Richtung dreht. Schaut er mich an? Warum trägt er nur immer diese verdammte Sonnenbrille?

Er hält sich am Beckenrand fest, während Mia sich wieder verspielt an ihn schmiegt. Er löst sich von ihr und schwimmt. *Danke, Martin!* Mehr hätte ich jetzt auch nicht ertragen. Ich setze mich an die Stelle, an der er gerade noch war. Versuche, beschäftigt zu tun, und lege sofort mein Buch neben mich auf die Liege.

Ich kann meinen Blick nicht abwenden. Ich lache in mich hinein und setze auch meine Sonnenbrille auf. *Was du kannst, kann ich auch.* Ich beobachte ihn und werde dabei noch nicht mal bemerkt. Ich starre auf die Wassertropfen in seinem Nacken und wünschte, ich könnte ihn berühren, ihn halten, wie er Mia hielt.

Ob er sich von ihr gelöst hat, weil er mich bemerkte? Ach, meine Wünsche lassen mich nicht klar denken. Alles in mir bebt. Ich spüre, dass mich selbst diese normale Szene im Wasser erregt, wenn ich ihn einfach nur so dastehen sehe.

Mia dreht sich zu mir um. Sie unterhält sich plötzlich angestrengt mit Martin. Ich halte die Luft an, tue unbeeindruckt und lege mich hin. Ich bin schließlich nur ein ganz normaler

Tourist beim Sonnenbaden. Der Lärm der Wassergäste hallt in meinen Ohren wider. Mein ganzer Körper ist so angespannt, dass ich den Eindruck habe, ihn nicht mehr kontrollieren zu können.

Ich schließe die Augen. Die Sonne brennt heiß und die schwüle Luft gibt einem das Gefühl, regelrecht in seinem eigenen Saft zu liegen. Daran werde ich mich gewöhnen. Ich schaffe es tatsächlich kurz, dem Charme dieser wohligen Nässe zu erliegen und für einen Moment abzuschalten.

Doch plötzlich schnelle ich hoch. Kühles Wasser landet auf mir. Martin lächelt mich keck vom Poolrand her an. »Wasserscheu?«, fragt er mit diesem provokanten Blick, den ich so liebe.

Ich schaue zu Mia, die mich hereinwinkt. »Komm schon, Wasser ist zum Baden da«, ruft sie. Wenn sie nur wüsste!

Zögernd hebe ich die Schultern. Wenn er nur diese verdammte Sonnenbrille nicht hätte! Ob er mich gerade mustert in dem scharfen Teil aus knallrotem Stoff?

Ich lasse Mia nicht noch einmal rufen. Sie soll nicht denken, ich bin ein Weichei oder schäme mich gar meines Körpers. Mutig erhebe ich mich und stolziere auf Martin zu. Er weicht nicht zurück. Im Gegenteil. Er verharrt auf seinem Platz und wartet darauf, dass ich ihn bitte, mich auf die Trittleiter zu lassen.

»Darf ich?«, frage ich schüchtern. Er sieht, dass es mich nervös macht, wie seine Beute um Einlass ins Becken zu betteln. Ich sehe, dass er lächelt, aber Gott, ich will seine Augen sehen! Wie gut er riecht! Der Duft eines wahnsinnig anregenden Aftershaves kommt mir entgegen. Ob er vor dem Pool geduscht hat? Ich schäme mich plötzlich für meinen schwitzigen Körper.

Mir ist so verdammt heiß, als ich unter seinem Blick die Trittleiter hinabsteige. Seine Nähe macht mich wahnsinnig. Peinlich berührt schaue ich auf meinen Busen und sehe, dass man mir meine Erregung deutlich ansehen kann. Ich hoffe, dass er es nicht auch gesehen hat, und bin froh, als ich mich bis zum Hals im Wasser verbergen kann.

Ich sehe, dass Mia den Pool verlässt. Ihr Blick sagt mir, dass es ihr missfallen hat, wie lang Martin mir bei meinem Einstieg zur Seite stand. Ich schlucke.

Martin legt seine Hände auf den Beckenrand. Will er hinaus und ihr folgen, jetzt wo ich im Wasser bin? Enttäuscht starre ich auf seinen Rücken. Doch er legt nur seine Sonnenbrille an den Beckenrand.

Ich atme schneller. Er dreht sich um. Endlich sehe ich seine Augen! Es ist dieser Blick, der alles in mir weckt, alles in mir schreien lässt! Wie tief verliere ich mich in der Farbe seiner Augen? Grün, braun, tief. Lass uns mit diesen Blicken spielen wie schon so oft zuvor! Lass uns dieses Verlangen und diese Sehnsucht spüren!

Ich schaue zu Mia. Sie sitzt neben einer Liege und versucht, genauso wie ich anfangs, unbeeindruckt zu wirken. Doch ich bin mir sicher, sie beobachtet uns hinter ihrer Sonnenbrille. Wie toll doch Sonnenbrillen sind!

Martin nutzt meinen unachtsamen Moment, um auf mich zuzukommen. »Schön, dich zu sehen!«, sagt er und drückt mich flüchtig. Wieder schaue ich zu Mia. »Entspann dich!«, sagt er tief und tritt zurück. Er leckt sich über seine geöffneten Lippen. Er weiß, dass mich das noch nervöser macht. Er lächelt verwegen. »Sind wir also wieder durch Zufall am gleichen Ort?«

Ich nicke schnell und tue, als wäre es wirklich Zufall.

Martin lacht. Er schwimmt um mich herum. Oh, halte doch an und nimm mich in den Arm wie sie. Reglos stehe ich da. Alles in mir pulsiert und will seine Berührung. Was habe ich mir alles vorgenommen? Was wollte ich ihm alles sagen? Und nun stehe ich reglos hier. Ich muss schwimmen, wenn ich nicht auffallen will. Was für ein Glück hat Mia, ihn als Mann zu haben.

Mein schlechtes Gewissen will wieder durchkommen. Ich versuche, Mia zuliebe nicht weiter auf Martin zu achten, und schwimme und schwimme. Aber allein der Gedanke, dass er mir so nah ist, lässt mein Herz weiter rasen.

Und dann stoppt er mich, indem er von hinten nach meinem Arm greift. »Wirklich, Thailand?«, fragt er. »War das schon immer dein Urlaubsziel?« Wieder fängt mich sein Blick. Ich kann die Spannung zwischen uns spüren. Noch einmal fährt seine Zunge über seine Lippen. Das leichte Wogen des Wassers fühlt sich an wie ein zärtlicher Stoß. Ich bebe.

Noch immer hält er mein Handgelenk, ganz sanft, kaum spürbar, doch die Berührung ist da. Ich schaue zu Mia und wieder zu ihm. Flüchtig fällt mein Blick auf seine nasse Brust. Er bemerkt ihn. »Erregt?«, fragt er plötzlich frech und schaut auf mein Dekolleté. Ich spüre, dass mir sofort die Hitze in die Wangen schießt. Wie dreist?!

Ich verberge mich wieder im Wasser. Unsere Körper berühren sich. Ich kann die Haut seines nackten Bauches an meinem Unterarm spüren. Er lächelt und streicht mir neckisch und besänftigend über die Wange, als wollte er noch einmal sagen, dass ich mich entspannen soll. »Schön, dass dich der Zufall nach Thailand geführt hat. Das tut dir gut«, sagt er, als wollte er mich belehren.

»Hast du mir noch mehr zu sagen, Martin?«, schießt es plötzlich mutig aus mir heraus.

Sein Lächeln erstirbt. Sein Blick wird ernst. Er lässt mein Handgelenk frei, streift aber flüchtig meine Hüfte und tritt weiter vor. Ich kann seinen Herzschlag spüren! Oh Martin, wie sehr bin ich dir erlegen!

Quälend bin ich gefangen in diesem Moment der heißen, flüchtigen Berührung. Jede kleine Woge des kühlen Nasses erregt mich mehr. Und ich kann ihn spüren! Nein, das bilde ich mir nicht ein. Diese flüchtige Berührung unserer Körper bestätigt es mir! Er ist genauso erregt wie ich! Ich spüre sein Glied! Lass mich nicht los, bitte!

Doch Martin löst sich von mir. Viel zu kurz war der Moment, doch so unglaublich intensiv. »Also nicht?«, rufe ich ihm nach.

Schnell verlässt er das Wasser. Er beugt sich über Mia und küsst sie zärtlich. Ist das seine Antwort? Es trifft mich tief, dass er so reagiert. Aber er war erregt, eindeutig! Was ist das zwischen uns, verdammt noch mal?

Ich gehe auch aus dem Wasser und versuche, nicht auf die beiden zu schauen, während ich meine Sachen zusammenpacke. Dabei versuche ich, nicht so auszusehen, als würde ich fluchtartig den Pool verlassen. Ich lasse mir bewusst Zeit, doch ich will einfach nur weg von ihnen.

Martin schaut zu mir auf, während er Mia durchs Haar streicht. Sein Blick sagt nichts. Absolut nichts. Ich schreie innerlich! *Martin!*

Er weiß, wie sehr ich ihn liebe und begehre, und er weiß, wie sehr er mich mit diesem Kuss verletzt hat. Sollte es mein Denkzettel sein? Wollte er mir eine Lehre erteilen, weil ich ihm nach Thailand gefolgt bin?

Wütend schmeiße ich meine Zimmertür zu. Ich sollte ihn hassen, aber ich kann es einfach nicht. Noch immer schreit alles in mir nach ihm. Ich will ihn fühlen, halten, schmecken! Er soll für immer zu mir gehören! Gott, wie naiv ich bin! Sie muss seinen Kuss so verdammt genossen haben, seinen Kuss vor mir!

Nein, meine Liebe! Nein, Martin! Ich bin nicht hierhergekommen, um dich weiter mit mir spielen zu lassen wie bei unseren vielen Begegnungen zuvor. Ich will Antworten! Ich will es hören! Ich will es dir sagen! Ich will es von dir hören.

Ich streife den verdammt klebrigen Badeanzug von meinem Körper. Während ich endlich unter die kühle Dusche steige, denke ich nach. Meine Hände streifen über meine warme Haut. Ich bin noch immer so erhitzt von diesem Moment. Er war erregt! Ich fühle mich noch einmal hinein in diese flüchtige, so innige Berührung. Meine Hände fahren leidenschaftlich über meine nasse Haut. Ach, würdest nur du mich so berühren, Martin!

***

Das Duschen hat gutgetan und ich habe nicht dem Drang nachgegeben, mich zu streicheln, mich selbst zu lieben und von ihm zu träumen. Ich will nicht länger träumen! Vielleicht muss ich einfach etwas ändern, ihm die kalte Schulter zeigen. Ob er wohl eifersüchtig wird, wenn ich mich mit einem anderen Mann treffe?

Ich lege mir das große Hotelhandtuch um und trete wieder auf den Balkon. Sie sind noch am Pool, doch statt innigen Küssen sehe ich sie jetzt auf zwei Liegen sitzen und lesen. Kann er diesen Moment der Erregung so einfach verdrängen und übergehen?

Ich bemerke zunächst nicht, dass ich beobachtet werde, doch dann werde ich plötzlich rot, schließlich stehe ich nur mit einem Handtuch bekleidet auf dem Balkon. Der Mann auf dem Nebenbalkon lächelt mich verschmitzt an. Er scheint arabischer Herkunft zu sein und ist wohl jünger als ich. Er hat tiefschwarzes Haar und so dunkle Augen, dass man Angst vor ihm bekommen könnte.

Ich lächle zurück. Haben wir doch jemanden gefunden, um zu testen, wie Martin auf einen anderen Mann in meiner

Nähe reagiert. Vielleicht zeigt er ja endlich einmal Emotionen. Ich genieße den Blick des Fremden, der mich Moppelchen anstarrt wie Frischfleisch, und bin gedanklich schon viel weiter.

»Verdammt heißer Tag«, ruft er herüber.

»Ja, sehr heiß«, antwortete ich.

Scheinbar deutet er meine Antwort irgendwie zweideutig. Er erhebt sich und beugt sich über das Geländer. »Lust auf einen Drink?«

Ich bin irritiert. Und plötzlich ist es mir doch irgendwie unangenehm, dass er mir mit seinen Blicken auch noch das Handtuch abnehmen will. Ich habe immer gedacht, Südländer stünden auf Blondinen und nicht auf kleine Rothaarige.

Ich runzle die Stirn wohl etwas zu lange. »Bitte!«, sagt er. »Du wirst es nicht bereuen!« Er ist also sehr von sich überzeugt.

»Jetzt?«, frage ich irritiert. Ich schaue zum Pool. Alles ist unverändert. »Heute Abend?«, frage ich.

»Gern.« Er schaut triumphierend auf die Uhr. »In einer Stunde ist es sechs.«

Eine Stunde. Panik. Was soll ich anziehen? Wie soll mein neuer Plan ablaufen? Ich nicke, ohne zu einem Ergebnis zu kommen.

»Ich freue mich. Unten an der Bar?«

Ich nicke und flüchte schnell in mein Zimmer.

Ich atme schnell. Es fühlt sich komisch an, so als Lustobjekt betrachtet zu werden. Komisch und ungewohnt. Sehr ungewohnt. Aber ich bin gewillt, mit ihm zu spielen, wenn Martin in der Nähe ist. Ich muss endlich meine Gefühle ihm gegenüber loswerden!

Ich greife nach meinem Handy. Viel zu schnell schreibe ich es. Aber er soll daraus machen, was er will.

Ich liebe dich, Martin! Das werde ich nachher an der Bar besiegeln!

Im selben Moment ärgere ich mich über meine Nachricht. Er liest sie sofort, ich habe eine Lesebestätigung. Verdammt! Er soll doch nicht immer denken, ich wäre ihm willenlos verfallen! Aber es ist so! Ich seufze.

Was ziehe ich also an zu meinem rettenden Spontandate und meinem neuen Plan? Ich muss lachen, als ich ein Kleid aus meinem Koffer ziehe, das ich noch nie anhatte und mir für den Fall, dass Martin mich nie wiedersehen will, als neues Ich-Kleid eingepackt habe. Es ist sicher viel zu eng für meine Formen und viel zu bunt, aber wenn nicht jetzt, wann dann?

Ich habe nichts mehr zu verlieren! Es dauert ewig, mich zu schminken und mir die Haare zu machen. Ich habe bestimmt zwanzig Haarklemmen im Haar und doch hält es nicht. Frustriert zerre ich sie wieder heraus und feuere die Spange in die Ecke.

Ich schaue in den Spiegel. Warum nicht auch mal offen tragen? Hat Martin mich überhaupt schon mit offenen Haaren gesehen? Wenige Male, ja. Hat es ihm gefallen? Ach Mann, ist es nicht schlimm, wenn man sein Leben nur nach einem Mann ausrichtet, der einer anderen gehört? Und doch ist er mein ein und alles!

Ich schließe den Reißverschluss des schwarzen Blumenkleides. Glücklicherweise wiederholt sich das Rot meiner Haare in den Blüten einiger Blumen. Es sieht aus wie gewollt. Soll ich Lippenstift tragen? Das mache ich nie, aber das Kleid schreit förmlich danach. Ich nicke mir zu. Also, für Männer, die auf Kurven stehen, sehe ich wirklich fast heiß aus.

Ich steige in die hohen, schwarzen Absatzschuhe und greife nach meiner eleganten, schwarzen Handtasche. Auf in den Kampf! Was tue ich nicht alles für dich!

***

Mein arabischer Verehrer wartet natürlich schon an der Bar. Er trägt wahrscheinlich das feinste Hemd, das seine Garderobe zu bieten hat. Es ist nicht weiß, sondern irgendwie rosa, aber nicht zu sehr. Seine Augen fressen mich auf und ich sehe, dass sein Blick von meinen Beinen aufwärts meinen Körper entlangwandert und sich in seinem Lächeln wiederfindet.

Er erhebt sich. Unruhig schaue ich mich um. »Schön, dass du da bist!«, sagt er und rückt den Barhocker ab, damit ich mich setzen kann. Ich sehe, dass er dreist schon einen Cocktail für mich bestellt hat. Ich bin vorsichtig. Doch dann sehe ich Martin und Mia um die Ecke kommen. Ich atme schneller. Ist es Zufall oder kommen sie wegen meiner Nachricht?

Martins Blick trifft mich. Er lächelt nicht. Er wirkt angewidert. Wegen meines Outfits oder wegen des fremden Mannes? Überschwänglich danke ich meinem arabischen Nachbarn und beobachtete Martin. Sie setzen sich ein paar Meter weiter an einen runden Tisch. Glücklicherweise hat Mia mich nicht bemerkt und dreht mir den Rücken zu. Martin gibt sich Mühe, mich nicht anzustarren, aber ich sehe, dass sein Blick immer wieder zu mir geht. Er wirkt verärgert.

»Machst du allein Urlaub, schöne Frau?«, fragt mich mein Nachbar und rückt seinen Hocker viel zu dicht an meinen.

Sein Knie berührt meines. Es ist mir unangenehm, doch ich spiele mit und lächle, während ich wieder zu Martin schaue. »Ja, ein bisschen Urlaub braucht man ja.«

»Es ist sehr schön hier. Wenn du willst, zeige ich dir die ganze Insel.« Er zwinkert mir zu. War das jetzt wieder zweideutig gemeint?

Nervös nippe ich an meinem Drink und schlucke schwer. Der Drink hat es in sich.

»Was meinst du, hast du Lust auf die ganze Insel?«, fragt der Fremde und lässt lässig seinen Finger mein nacktes Bein hinauffahren.

Ich rutsche unruhig herum und starre auf Martin. Sein Blick! Ich tobe! Er schaut mich lächelnd an, als wollte er sagen; *Das hast du nun davon.*

Mein arabisches Date nimmt seine Hand wieder von mir weg. Ich atme auf. Er hebt sein Glas und führt es an meines. »Auf eine wunderschöne Bekanntschaft!«

Ich proste ihm zu, doch es macht mich noch unruhiger, dass er jetzt mit seinem Blick mein Dekolleté mustert, und zwar bewusst so, dass ich es deutlich sehen kann. Er will, dass ich es sehe.

»Eine Frau wie du muss nicht allein sein«, flüstert er und beugt sich so nah zu mir herüber, dass ich seinen Atem heiß und unangenehm an meinem Hals spüren kann. Erneut legt er seine Hand auf mein Bein.

Ich schaue hilflos zu Martin. Sein Blick ist ernst. Er erhebt sich und greift nach Mias Hand. Sie gehen hinaus zum Pavillon am Eingang. *Verdammt! Nein! Martin, bitte!* Ich mach diesen verdammten Scheiß doch für dich!

Die Hand meines Nachbarn rutscht bis an den Saum meines Kleides. Wie kann man nur so penetrant lüstern sein? Im selben Moment tadele ich mich selbst. Ich bin ja selbst nicht besser, wenn es um Martin geht.

»Wollen wir an die Luft? Es ist kaum auszuhalten hier drinnen«, sage ich schnell. Ich muss Martin folgen und der Situation hier entfliehen. Ich kann einfach nicht einsehen, dass er mit ihr verheiratet ist.

»Draußen ist die Luft besser?« Mein arabischer Freund, der sich als Samuel vorgestellt hat, zwinkert mir zu. Er nickt emsig. *Verdammt, er denkt jetzt wieder irgendwas Zweideutiges und malt sich aus, dass ich nur mit ihm allein sein will!*

Ich sehe, dass Martin und Mia vom normalen Weg abweichen. Sie schlendern zwischen Buschwerk und Geäst entlang und wirken wie verliebte Teenager. Es tut so weh, das zu sehen. Es ist ihm ganz egal, was mit mir und diesem Samuel passiert. Ich bin kurz davor, zu resignieren. Ich brauche Samuel jetzt nicht mehr.

Einem Geistesblitz folgend, zücke ich mein Handy. Obwohl es nicht klingelt, tue ich so, als hätte ich einen Anruf. Ich nicke Samuel flüchtig zu und signalisiere ihm, dass ich kurz ungestört telefonieren möchte. Es klappt. Er nickt.

Ich spreche unüberlegte Worte in mein Handy, entferne mich und hoffe, dass er mir nicht folgt. Ich gehe den Trampelpfad entlang, an dessen Ende Martin und Mia verschwunden sind. Die Sonne geht schon fast unter. Sie färbt den Himmel so wahnsinnig schön, ein tiefes, leuchtendes Orange durchdringt die Wolken. *Das ist also dein unvergesslicher Sonnenuntergang, von dem du immer geschwärmt hast!* Es tut so weh! Ich wünschte, ich wäre jetzt die Frau an seiner Seite. Warum bin ich nur hergekommen?

Doch mein Enthusiasmus kehrt zurück, als ich Samuel weit hinter mir lasse und es immer stiller wird. Ich atme wieder schneller. *Martin! Wo seid ihr?* Ich gehe immer weiter. Und dann sehe ich sie!

Ich kann meinen Augen nicht trauen. Ich bin schockiert! Und doch kann ich meinen Blick nicht abwenden. Es ist noch nicht mal dunkel und er steht dort mit ihr zwischen den Büschen und nimmt sie von hinten! Das darf nicht wahr sein!

Meine Welt zerbricht und doch schaue ich immer wieder hin und quäle mich selbst. Er drückt sie an eine Palme und hat nicht mal ihr Bikinihöschen heruntergezogen! Da hat ihn wohl die wilde Lust überkommen. Ich sehe, wie er in Rage immer wieder in sie dringt, wie stark er schwitzt, wie heftig er atmet. Ich sehe, wie sie ihre Arme fest um den Stamm schlägt, sich ihm entgegenstreckt und seine Stöße aufnimmt.

Ich will das nicht sehen! *Du verletzt mich so, mein Martin!* Mein Martin ist nicht mein Martin. Das sehe ich nun ja wohl deutlicher als je zuvor. Leise drehe ich mich um. Ich will weg! Doch es ist zu spät. Martin hat mich bemerkt! Er starrt mich an und im selben Moment stößt er noch heftiger zu. Mia schreit laut auf. Sie genießt seine unbedachte Grobheit.

Fassungslos schaue ich ihn an. Er hält meinem Blick stand, während er weiter rhythmisch sein Becken bewegt. *Warum tust du das? Hast du mich nicht schon genug verletzt? Ich bin deinetwegen hier! Ich bin deinetwegen in Thailand!* Ich wünschte, ich könnte ihm all das entgegenrufen. Ich will rennen, doch meine Beine gehorchen meinem Willen nicht.

Ich sehe, wie Martin sich von ihr löst. Er zieht ihr Höchsten herunter, spreizt zärtlich ihre Schenkel und schiebt auch seine Shorts ganz herunter. Er lächelt mich an. Martin! Deutlich kann ich sein Glied erkennen, stramm und weit nach vorn gerichtet. Er schiebt sich vor. Langsam dringt er erneut in sie ein und hebt seine Hand in meine Richtung, während er sie langsam, viel zu langsam fickt. Was soll das? Soll ich mich danebenstellen? Hat er mir nicht schon genug Denkzettel verpasst?

Sein Atem wird lauter und unkontrollierter. Noch immer sieht er mich an, mit diesem Blick, der nichts sagt und mich doch wie immer gefangen hält. Immer wieder sehe ich sein Glied von Neuem eindringen. Mia seufzt.

Ich weiß nicht, was mit mir passiert. Ich spüre, dass mich dieser Anblick erregt, wahnsinnig erregt. Sein Blick und diese Geräusche lassen mich die Kontrolle über meinen Körper verlieren.

Ich muss hier weg! Ich laufe. Ich bin mir sicher, dass jetzt auch Mia mich bemerkt hat. Ich denke nicht darüber nach. Viel zu laut ist das intensive Seufzen aus Martins Kehle. Es durchdringt mich ganz und gar. Wie oft hab ich mir all das erträumt, ich an ihrer Stelle? Mir wird übel.

Panisch laufe ich zur Hotelvilla zurück und ziehe an dem verstörten Samuel vorbei. Er folgt mir, erreicht mich aber nicht. Ich flüchte in den Fahrstuhl und in mein Zimmer. Zimmer, vier Wände, eine Zuflucht. Ich hätte nie nach Thailand kommen sollen! Hat er denn nie gemerkt, wie ich ihn liebe, was ich für ihn alles bereit bin zu tun?

Ich liebe dich, Martin! Gott, wie verloren bin ich. Wie naiv bin ich! Und doch wird meine schlimmste Befürchtung wahr. *Ich verliere meinen Sinn! Meinen Sinn, dich, den Glauben daran, dass du meine Liebe erwiderst.*

Nie habe ich eine Nacht mit mehr Tränen verbracht. Ich muss einen Flieger finden, einen Flieger, der mich zurück aufs Festland bringt – weg von dieser Insel, weg von Martin. Und dann? Was ist dann mein Streben? Mein Leben? Mein Dasein? *Du bist doch alles für mich. Du warst es.*

Ich wünschte, ich wüsste, wo es einen Bäcker gibt, damit ich nicht irgendwann zum Hotelbuffet muss. Nachdem ich das ja nun nicht weiß, wünschte ich, man könnte Sonnenbrillen auch im Restaurant tragen, ohne damit aufzufallen. Ich sehe unmöglich aus nach der letzten Nacht. Meine Augen sind total aufgequollen.

Aber ich werde dazu stehen. Ich kam, sah und … Gott, ich will nicht noch einmal darüber nachdenken müssen. Das war also die Liebe meines Lebens, das Besondere, das Magische, die Leidenschaft. Es war nur für mich besonders. Er hat mir deutlich gezeigt, dass er seine Frau begehrt.

Ich betrete mürrisch das benachbarte Restaurant, mehr eine Strohhütte als wirklich ein Lokal. Das Buffet lässt keine Wünsche offen, erheitert mich aber nicht. Wahllos greife ich nach irgendetwas, was einem Croissant ähnelt. Viele der Speisen und Snacks kenne ich nicht einmal.

»Na, heißes Date gehabt?« Ruckartig drehe ich mich um. Martin! Seine Augen sehen aus wie meine. Wahrscheinlich hat er die Nacht durchgemacht, auf welche Art auch immer. Mir wird übel bei den erneuten Bildern in meinem Kopf. Sein Blick sagt nichts, doch er fängt mich aufs Neue.

»Wohl nicht so heiß wie deins«, antworte ich mutig und kühl. Ich bin stolz auf meine Antwort. *Danke Schicksal, dass du mir in diesem Moment die richtigen Worte gegeben hast.*

»Vielleicht hättest du dich nicht so von dem Typen anbaggern lassen sollen, dann wäre dein Abend vielleicht auch anders verlaufen«, sagt er überlegen und geht an seinen Platz. Er frühstückt allein.

Was will er mir damit sagen? Fassungslos starre ich ihn an. Was soll ich jetzt bitte aus seinen Worten deuten? Dass ich ein Flittchen bin und selbst schuld, wenn mich der Typ so dreist anmacht? Oder dass ich nicht sein Ständchen hätte sehen müssen?

Ich schaue zu ihm hinüber, als ich mich setze. Ich bekomme keinen Bissen herunter.

Er lächelt mich an. *Wie soll ich dich nur verstehen?* Ich bin verzweifelt. Und es scheint ihn nicht zu stören. Schnell erhebe ich mich und lasse alles stehen. Fluchtartig verlasse ich den Raum. Er schaut mit fragend an.

Ich flüchte den Pfad hinunter, den ich nie wiedersehen wollte. Aber immerhin bleiben meine Tränen hier unbeobachtet. Wie konnte ich mich so in ihm täuschen? Für mich war er immer das Reine, das Gute, der Mensch, der mich versteht, der mit mir fühlt. Gott, naiv! Einfach nur naiv!

Wütend lasse ich mich auf dem Boden nieder, der so feucht ist wie mein heute hoch geschlossenes, hellblaues Kleid. Aus Trotz werde ich nie wieder freizügig gehen!

Dann sehe ich, dass Martin mir gefolgt ist. Bitte nicht!

Ich will aufstehen, doch er hockt sich zu mir und legt den Arm um meine Schulter. »Womit hast du denn gerechnet, wenn du mit diesem Typen vor mir erscheinst?«, fragt er sanft.

Sein Duft und seine Nähe verwirren mich sofort wieder, doch meine Wut ist stärker. »Was soll das heißen? Dass ich dir beim Vögeln zusehen durfte, weil mich ein Typ angebaggert hat?«

Martin atmet laut und schwer. Ich kann spüren, wie er zittert. Unsere Umarmung berührt ihn. Er presst seine Hand fester auf meinen Oberkörper. Sein warmer Atem lässt mein Herz wild schlagen. »Genau das. Du hast es dir perfekt zurechtgelegt«, sagt er wütend.

»Dann erkläre es mir!«, sage ich und versuche aufzustehen.

Er setzt sich vor mich, hält mich an den Schultern und schaut mich eindringlich an. »Warum bist du hier?«

Ich werde knallrot. Mir wird heiß. Jetzt ist also mein Moment der Wahrheit gekommen. Aber jetzt will ich ihn nicht mehr.

»Komm!«, sagt er und durchbohrt mich mit seinen Augen. Wie bin ich ihm erlegen! Ich versuche, langsam weiter zu atmen, aber es gelingt mir nicht. Mein Inneres überschlägt sich und will ihn wie nie zuvor.

»Du bist meinetwegen gekommen«, sagt er überzeugt und kniet sich nieder. Er lässt mich los. »Du bist meinetwegen gekommen und hast mich absichtlich wegen dieses Typen an die Bar bestellt.«

»Was hat das mit deinem Vögeln zu tun?«

»Ich bin ein Mann.« Ich schüttele wütend den Kopf. So habe ich ihn nie eingeschätzt. »Ist es nicht so? Du denkst, ich brauche es einfach mal und nehme es mir?!« Er wird wütend.

Ich stehe auf, doch er greift nach meiner Hand. »Ist es so? Denkst du so von mir?«

Ich will so sehr seine Nähe. Was soll dieser Streit? »Ich bin deinetwegen hier, Martin. Aber du hast mir deutlich gezeigt, wo ich bei dir stehe!«

»Du weißt, was du für mich bist!«, sagt er. Seine aufgebrachte Stimme beruhigt sich.

»Nein, das weiß ich nicht. Ich habe es immer gedacht. Es hat mir Kraft gegeben. Es hat mich hierher geführt! Aber es war alles für den Arsch!«

»Siehst du es so? Willst du es so zu Ende gehen lassen?« Er wirkt jetzt genauso verzweifelt wie ich, als ich gehen will.

»Du solltest zu Mia gehen, gemeinsam die Sonne genießen! Du weißt doch … wie hast du es einmal gesagt? Alles, was zählt, sind Sonne und Sex!«

»Und ich dachte, du hättest diese Aussage von mir damals richtig verstanden!« Er lässt mich los. »Geh!«, sagt er trocken.

Ich kann nicht. Wenn ich jetzt gehe, gebe ich ihn für immer auf. »Sag was, Martin!«, flehe ich leise. »Sag endlich etwas!«

Er schließt den Arm fest um mich. Erneut kann ich seine Erregung spüren, stärker als bei unserer ersten flüchtigen Berührung. »Was möchtest du hören? Ich bin verheiratet!«

»Was bin ich für dich? Was ist das mehr außer Halt und Stärke, wovon du mir geschrieben hast? Ist da nicht mehr?« Wie sehr er zittert! Er ist nicht mehr Herr der Lage. »Sag es mir endlich! Wie viele Jahre sollen denn noch vergehen? Sprich es einmal aus!«

»Ich bin glücklich verheiratet«, sagt er noch einmal trocken. Doch seine Stimme ist jetzt schwach wie er selbst. Er senkt den Kopf, kaum spürbar berühren mich seine Lippen.

Seine Hände fahren emsig meinen Rücken hinab.

»Sag endlich, was das zwischen uns ist! Ich bin hier! Ich bin in Thailand! Ich bin bei dir, deinetwegen!«

Er nimmt meine Hand und zieht mich voran. Er will mit mir ans Meer. »Du verpasst den Tag in der Sonne mit deiner

Liebsten«, sage ich sarkastisch. Ich wünschte, er würde endlich den Mund aufmachen. Ja, Mia wartet bestimmt auf ihn.

»Was soll das werden?«, keife ich ihn an, als er mit mir auf das Wasser zumarschiert. »Martin?«

Er antwortet nicht. Sein Blick ist fest entschlossen. Er zieht mich ins Nass. Das Wasser ist weder kalt noch unangenehm, aber die Wellen schlagen gegen meine Knöchel.

»Hallo?«, rufe ich noch einmal.

Er schließt seine Finger fest um meine Hand. Drückt sie und zieht mich weiter voran, bis wir hüfthoch im Wasser stehen. Dann tritt er hinter mich und schlingt beide Arme um mich, wie bei Mia am Pool. »Siehst du das?«, fragt er und zeigt auf den Strand seiner wunderschönen Insel. »Das ist mein Leben. Es ist das Leben, das ich vor Jahren gewählt habe.« Das Aufgebrachte in seiner Stimme weckt in mir das Bedürfnis, ihn zu trösten. Sanft lege ich meine Hand auf seinen Arm und genieße den flüchtigen Moment der Stille und die Wogen um uns herum.

»Es gab viele düstere Momente in meinem Leben. Mia war immer da. Sie ist meine Familie. Wir haben ein gemeinsames Kind.« Ich schlucke schwer. Ich will das nicht hören. Ich weiß es ja alles. »Und doch fühle ich für dich wie für niemand anderen zuvor.« Er atmet schwer. Flüchtig berühren seine Lippen mein Ohr. Ich bin überrascht. Also ist es doch wahr? »Ich kann mein Leben nicht aufgeben.«

Ich drehe mich zu ihm um. Ja, ich sehe in seinem Blick, dass es wahr ist. »Ich weiß, dass du alles verlieren würdest.« Ich kann nicht mehr sagen, lege einfach meine Arme um ihn und genieße, dass er das Gleiche tut. »Halt mich fest!«, flüstere ich. Er legt seinen Kopf auf meine Schulter.

Nie war ein Gefühl stärker als in diesem Moment. Ich spüre seine ganze Nähe, seine Wärme, seinen Atem, seinen

Herzschlag, seine so bebende Brust, seine zitternden Arme. Ich halte ihn. Er hält mich! Sanft berühren seine Lippen meinen Hals. Er streicht mein Haar zur Seite, liebkost mich liebevoll.

Ich spüre sein Beben. Spüre seine Erregung. Seine Hand presst sich fest auf mein durchnässtes Kleid. Er drückt meinen Po liebevoll gegen sich, hält mich so fest. Ich habe mich nie freier gefühlt. Die sanften Wellen wiegen uns und mit jeder leisen Woge wächst die Begierde, die mich schon so lange nährt.

»Wenn ich jetzt mit dir schlafen will, denkst du, ich bin eben nur ein Mann?«, flüstert Martin angestrengt.

»Nein, das denke ich nicht«, sage ich und streichle über seine Stirn. Ich spüre, dass es ihn genauso quält wie mich.

»Bitte!«, flüstert er. Er verliert sich in dem Moment, wie ich es tue. Er schiebt mein Kleid hoch und hebt mich an. Er hält mich, während ich meine Beine um ihn lege. Ich klammere mich an ihn, als hätte es immer nur uns beide gegeben. Ich spüre, wie er zärtlich meinen Slip beiseiteschiebt. Es ist anders als bei Mia! Und dann spüre ich ihn. Ich spüre ihn zwischen meinen Schenkeln.

Sanft dirigiert er mich. Ich lasse mich nieder. Er dringt in mich ein! Wie unendlich lang und schön ist dieser Moment! *Schau mich an!* Ich fühle ganz und gar sein Sehnen. Endlich wird diese Sehnsucht gestillt! Er dringt ganz in mich ein, hält mich fest.

Ich lege meine Arme um seinen Hals, während er mich liebevoll wiegt. Es gefällt ihm. Ich seufze. *Lass das nicht enden!* Ganz und gar ist er in mir, bewegt sich sanft. Er atmet so schnell und doch zittert er noch immer. *Halte mich weiter mit deinen starken Armen, deinen Armen, die jetzt nur mir gehören.*

Er bewegt sich heftiger, hebt mich schneller. »Mein Martin!«, seufze ich.

Seine Lippen fahren emsig über meinen Hals. Wir schaukeln im Takt der Wellen. Sein heißes Seufzen jagt mir wohlige Schauer durch den Körper. Ich habe das Gefühl, ihn immer härter in mir zu spüren. Er atmet schneller.

»Ich darf das nicht tun«, flüstert er. Ich küsse ihn. Wie oft habe ich davon geträumt! Leidenschaftlich steigt er in mein Zungenspiel ein. »Heute nur mit Zunge!«, flüstere ich und schmunzle. Er lächelt und hebt mich noch heftiger und schneller. Er hält mich nur noch mit einem Arm.

Dann führt er seine Hand zwischen uns, tief hinunter, dorthin, wo ohnehin schon alles wild bebt und pulsiert und er mich mit jedem Stoß abhängiger macht. Er sucht meinen bebenden Hügel und lässt seinen Finger kreisen, während er sich jetzt langsamer bewegt.

Sein Finger gibt das neue Tempo vor und er wird schneller. Er genießt meinen hilflosen Blick. »Ich tue dir gut, das habe ich schon immer gesagt«, sagt er frech und erlebt, wie ich mich zitternd aufbäume.

Mein Ausbrechen ist der letzte Stoß, den er braucht. Ich spüre, dass auch er den Höhepunkt erlebt, nach dem wir uns beide so gesehnt haben.

Wir verharren still, lauschen den Wellen, halten uns und schauen in den Horizont. Die schwüle Luft streichelt unsere erhitzten Gesichter. »Und gehört hab ich es immer noch nicht«, sage ich.

Martin seufzt. »Was kann ich dir sagen? Ich breche dein Herz. Immer wieder.«

»Und doch liebe ich dich über alles.«

»Gleichfalls«, flüstert er und küsst meine Stirn, ohne dass ich seinen Blick erwidern könnte.

»Gleichfalls hatten wir schon mal. Aber fürs Erste reicht es.« Ich drücke ihn so fest an mich, wie ich kann. »Ich habe keine Ahnung, wie ich damit weiter klarkommen soll, aber bitte bleib irgendwie in meinem Leben.«

»Das tue ich. Für immer«, sagt er und streicht liebevoll über meinen Nacken.

»Haben wir halt ein schönes Geheimnis mehr.«

»Ich hoffe, du zerbrichst nicht daran.«

»Ich könnte dir den Arsch versohlen, weil du nicht aus deiner Haut kommst«, sage ich. »Aber wer, wenn nicht ich, würde all das verstehen.«

Er lässt mich herunter. All die Wehmut, die ich jahrelang mit mir herumgeschleppt habe, sehe ich in seinem Blick. »Ich bin ein Bastard. Ein Schuft.«

»Nein. Du bist viel mehr. Für mich bist du alles. Und das wirst du bleiben, egal, was passiert oder nicht passiert.«

»Du fliegst morgen?«

»Woher weißt du das?«

Er lächelt, als wären wir immer eins gewesen und nichts stärker als das zwischen uns. »Bitte bleib noch in Thailand!«, fleht er.

»Alles, was du willst.«

»Kein Weg zu weit«, flüstert er, lächelt und küsst erneut meine Stirn.

»Bis die Sonne wieder strahlt«, setze ich fort.

Ich habe keine Ahnung, wie ich seiner Frau je wieder in die Augen sehen kann, aber er gehört zu mir wie ich zu ihm, und auch wenn wir getrennt voneinander leben – dieses Gefühl, dieses Besondere zwischen uns, nimmt uns niemand. Es vergeht nie. Es ist unersetzlich! Unvergesslich!

»Ko Samui, ich bin gerade erst dabei, dich zu entdecken, mit all deinen Schönheiten!«

Martin lächelt.

Genauso will ich dich! »Ich tue dir gut, was?«, necke ich ihn. Es fühlt sich so unendlich richtig an. »Ich bin immer bei dir!«

»Heißt das, du bleibst noch in Thailand?«

»Fürs Erste schon, auch wenn ich mich, dich und alles nicht verstehe«, meine ich lachend.

»Einfach zusammen bis zum Ende mit Stimmen im Kopf und schreiender Sehnsucht.«

»Die Verlorene und der Zwiegespaltene.«

»Das ist jetzt aber weit hergeholt.« Ich lache.

Es war richtig, alles auf dich zu setzen!

Scharfe Dildospiele

Der lange Arbeitstag war geschafft. Sie freute sich auf einen romantischen Abend mit Pierre und hoffte, er würde nicht böse sein, dass sie es nicht zum Abendessen geschafft hatte.

Und böse war er wahrlich nicht, denn er hatte sich etwas ganz Besonderes ausgedacht für diesen Valentinstag, als kleine Revanche für das liebevolle Romantikfrühstück, das sie ihm am Morgen beschert hatte.

Als sie die Wohnungstür öffnete, wartete er bereits auf sie und küsste sie liebevoll. »Hallo Schatz.«

»Hallo. Tut mir leid, dass ich so spät komme.«

»Ist nicht schlimm. Ich hoffe, du bist nicht zu kaputt für meine Überraschung?« Er schaute sie verschwörerisch an. In seinem weißen Shirt und der hellen Jeans sah er umwerfend aus. Er hatte frisch geduscht, wie sie an seinem nassen Haar erkennen konnte.

»Ich liebe Überraschungen.« Sie legte ihre Arme zärtlich um seinen Hals.

Er strich durch ihr dunkles Haar. »Du kannst duschen gehen und ich erwarte dich im Schlafzimmer.«

»Im Schlafzimmer? Muss ich Angst haben?« Sie grinste, während er ihr den Weg ins Bad wies.

»Es kommt ganz darauf, wie schmerzempfindlich du bist.«

Tinas Augen wurden größer.

»Kein Scherz«, lächelte Pierre verwegen und zwinkerte ihr zu.

»Was immer du vorhast, ich bin bereit«, entgegnete sie und verschwand im Bad.

Pierre konnte es nicht erwarten. Heute war der Abend, an dem er Tina ein ganz besonderes Verwöhnprogramm bieten würde. Eine Weile stand er noch vor der Tür und lauschte, wie das Wasser zu laufen begann. Beim Gedanken an ihren nackten Körper, an ihre vollen Kurven, ihren breiten Po, geriet er bereits jetzt in Wallung. Es würde ihm schwerfallen, sich zurückzuhalten, doch er würde es langsam angehen lassen. Er wollte alles auskosten.

Er ging ins Schlafzimmer, drehte die Heizung höher und traf die letzten Vorbereitungen. Als sie ihn aus dem Bad rief, hatte sich bereits seine ganze Erregung in sein Glied gelegt. Er trug nur noch schwarze Shorts, hatte seinen Oberkörper mit der Lotion eingerieben, deren Duft sie so liebte und die seine trainierte, gebräunte Haut so wunderbar weich machte. Sein Haar war inzwischen trocken. Die blonden Strähnen fielen ihm locker auf die Stirn und er strich sie schräg zur Seite. Er wusste, dass sein Aussehen als Charming Boy sie willenlos machte. Aber der Charming Boy würde sich heute von einer ganz anderen Seite zeigen – von einer Seite, die sie noch nicht kannte.

Er trat in den Flur: »Hast du mich gerufen?« Unruhig trat er ins Bad. Er konnte sein angeschwollenes Glied nicht verbergen.

»Bringst du mir ein Shirt?«, fragte sie nervös, während sie ihren Körper trocken rubbelte.

Er atmete erregt durch, als sie sich nach vorn beugte und das Handtuch zwischen ihre Schenkel schob, wobei sich ihr nackter Po mit den vollen Backen vor ihm bewegte. Schnell unterdrückte er das Verlangen, seine Hand zwischen ihre Schenkel zu schieben, doch er genoss noch einen Augenblick lang, wie ihr fleischiger Busen wippte, während sie sich abtrocknete. »Ein Shirt brauchst du nicht«, flüsterte er und starrte sie weiter an.

»Dein Blick macht mir Angst«, neckte sie ihn und wickelte sich das Badetuch um den Körper.

»Ich fürchte, das brauchst du heute auch nicht mehr«, führte er fort und nahm sie an der Hand. Er hatte fast den Eindruck, dass sie nervös war, sah ihren verwunderten Blick, während sie sich dem Schlafzimmer näherten. Und genau das gefiel ihm wahnsinnig.

Sie musste es riechen, die ätherischen Öle, die er in Duftlampen zum Kochen gebracht hatte. Die sinnlichen, süßen Düfte drangen aus dem Schlafzimmer herüber.

Als sie das Zimmer betraten, stand Tina überwältigt da. Er hatte im ganzen Schlafzimmer Kerzen verteilt, die ein angenehmes Licht spendeten. Die Vorhänge waren mit roten Seidentüchern verhangen, sodass der Raum in ein warmes Licht getaucht war.

Der süßliche Duft, der Tina durchströmte, bescherte ihr eine wohlige Gänsehaut, doch das allein war es nicht. Sie sah auf ihr Bett, das vollkommen verändert aussah. Er hatte die Bettdecken entfernt und ein schwarzes Laken aus Satin aufgezogen.

Noch während sie sprachlos dastand, löste er das Handtuch von ihrem Körper und seufzte tief, als seine Hand zitternd über ihren nackten Rücken strich. Ihre nackte, weiße Haut machte ihn wahnsinnig. Sein Glied hämmerte bereits jetzt wild. »Ich habe mir gedacht, wenn du es nicht zu unserem Candle-Light-Dinner schaffst, bringe ich dir den Kerzenschein für danach.« Tina lächelte verlegen. Er liebte ihre zurückhaltende Art. »Leg dich hin. Ich möchte dich verwöhnen«, flüsterte er, besah ihren nackten Busen, dessen rosige Knospen sich unter seinem

Blick versteiften. Oh, wie gern würde er sie innig massieren.

Nervös setzte sich Tina. Ihr Herz schlug wild. Für gewöhnlich schlief sie mit Pierre vor dem Schlafengehen, im Dunkeln, in den üblichen Stellungen. Doch jetzt überschlugen sich ihre Gedanken. *Was hatte er vor?* Sie sah, dass er deutlich erregt war, und die Vorstellung, gleich sein Glied zu spüren, machte sie wahnsinnig.

»Bauch oder Rücken? Wie soll ich anfangen?«, flüsterte er. Seine Hand zitterte noch immer.

Fragend und überrascht sah Tina ihn an.

»Gut, ich entscheide für dich«, sagte er und lächelte. »Leg dich auf den Rücken.« Er hatte schon genaue Vorstellungen von dem, was er mit ihr vorhatte.

Unruhig legte sich Tina längs auf das glatte Laken. Ein tiefer, kitzelnder Schauer durchlief sie und Pierres entschlossener Blick tat das Übrige. Tina sah zu, wie er ein kleines Teelicht entzündete, es langsam hin und her schwenkte und darauf wartete, dass das Wachs zu schmelzen begann.

»Das ist eine Massagekerze«, erklärte er leise, kniete sich über ihren Bauch und lächelte verwegen.

»Aha?«, gab Tina schüchtern zurück.

Ohne Vorwarnung ließ er einige Tropfen des heißen Wachses auf die Stelle zwischen ihren Brüsten laufen.

Tina schrie kurz auf und richtete sich auf.

Er sah zu, wie das ölige Wachs hinunterrann. »Entspann dich«, flüsterte er und stellte die Kerze wieder auf den Nachtschrank. Zärtlich tauchte er seine Finger in das Wachs, verstrich es und verteilte es reibend. Vorsichtig berührte er damit ihre Brüste. Ihre stark heraustretenden Knospen schienen auf seine Berührung zu lauern. Er sah Tina fest in die Augen, während er nun beide Brüste leidenschaftlich knetete. Dabei bewegte er langsam sein Becken. Er wusste, sie würde an ihrem Bauch sein pulsierendes, volles Glied spüren. Dann beugte er sich vor und presste seine Hand fest auf ihren Brustkorb.

»Was hast du vor?«, flüsterte sie angespannt. Es war das ungewohnte Neue, dass dafür sorgte, dass sie sich verkrampfte und doch unglaublich erregt war.

Pierre griff noch einmal nach der Kerze, deren Wachs inzwischen weiter geschmolzen war.

»Oh nein«, zeterte Tina leise, doch Pierre goss die heiße Flüssigkeit bereits direkt auf die rosigen Nippel.

Er hielt ihren Körper fest auf das Laken gepresst und genoss die hilflosen Bewegungen ihres Körpers, während er ihr diesen kurzen Schmerz bescherte. Ja, es törnte ihn unglaublich an.

Schließlich stellte er die Kerze ab und verrieb das Wachs auf ihren Knospen zwischen seinen Fingern. Dabei übte er einen festen Druck aus und sah, wie sie erregt den Mund öffnete. Er liebte ihre vollen Lippen und heute würde sie ihn das erste Mal zu schmecken bekommen. Er wusste, es würde ihr gefallen, wenn sie erst einmal ihre Hemmungen verlor. Er konnte sich kaum noch halten. Er stellte es sich vor.

Eine weitere Ladung Wachs landete direkt auf ihrem Bauch. Diesmal zuckte sie nur ein wenig zusammen. Zärtlich verrieb er es mit seinen Handflächen, rutschte ein Stück herunter und sog dabei den lieblichen Duft ihres Duschgels auf. Langsam ließ er seine Zunge über ihre Taille fahren, dann richtete er sich auf und erhob sich.

»Dreh dich um«, sagte er. Er hatte vor, ihr eine noch ausgiebigere Massage zu schenken, aber er wusste, dass er es nicht mehr lange aushalten würde.

Zögernd drehte Tina sich auf den Bauch. Sie sah, dass Pierre verdammt neben der Spur war. Er zitterte noch immer. Sie hatte ihn noch nie so erregt gesehen.

Liebevoll streichelten seine warmen Hände über ihren Rücken, kitzelten ihren Nacken und strichen ihr Haar beiseite. Er setzte sich auf sie. Noch einmal nahm er die Kerze und seufzte tief, als er ihren Widerstand spürte.

Sein angestrengtes Atmen zu hören, versetzte Tina in einen Zustand der Trance. Sie nahm jeden seiner Atemzüge war, jedes Pochen seines Gliedes an ihrem Rücken, während er sich vorbeugte, um das wohlig warme Wachs zu verteilen.

»Gefällt dir das?«

Tina seufzte. »Es ist schön. Es ist schön warm.«

Knetend bewegte er seine Finger über ihren Rücken, streichelte dann ihre Seiten und die Ansätze ihre Brüste auf dem glatten Laken. Intensiv bewegte er sein Becken. Er wollte sie weiter provozieren. Leise schob er den Bund seiner Shorts herunter und befreite das, was so sehr nach ihr verlangte. Es war ein geiler Anblick für ihn, sein Glied an ihrem nackten Rücken zu sehen, ohne dass sie davon wusste. Zärtlich rieb er über seine Eichel und verlor sich schnell in dem Spiel. Immer intensiver ließ er seine Hand über seine Vorhaut gleiten.

Sie bemerkte es. »Was tust du?«, flüsterte Tina und versuchte, sich aufzurichten.

Doch er legte seine Hand fest auf ihren Rücken, beugte sich vor und rieb die nasse Spitze seines Gliedes über ihre Haut, während er sich weiter verwöhnte. »Was meinst du?«, fragte er flüsternd und gab ihr einen Kuss auf die Wange. Dann erhob er sich und trat neben das Bett.

Tina richtete sich auf. Etwas hilflos sah sie, dass er ungeniert sein Glied befreit hatte. Stramm stand es von ihm ab und seine Spitze glänzte schmierig.

Er lächelte sie verschwörerisch an. »Ich habe noch eine Überraschung für dich«, sagte er ernst. »Aber ich weiß nicht, ob sie dir gefallen wird.«

Tina wurde unruhig. So ungeniert kannte sie Pierre nicht und doch zeigte es Wirkung. Sie verspürte ein ungemeines Verlangen danach, ihn zu spüren. Pierre schob die oberste Schublade seines Nachtschranks auf und was er herausholte, ließ Tina ganz und gar verstummen. Es war ein Dildo, noch dazu ein brauner. Er war breit und lang, wirkte fast naturgetreu mit der heller gearbeiteten, stark wulstigen Eichel.

»Dein schockierter Blick macht mich an«, flüsterte Pierre zitternd. »Hast du jetzt Angst?«

»Etwas«, gab Tina leise und unruhig zurück. Sie hatten nie Spielzeug in ihr Liebesspiel einbezogen und sie befürchtete, dass dieses hier ganz und gar nicht in sie hineinpasste.

»Leg dich wieder auf den Bauch«, sagte Pierre.

Tina sah, wie er das Ding mit Gleitgel einrieb. Sie wusste, was jetzt kommen würde. Trotz der Unruhe, die sie verspürte, durchdrang sie ein wohliger Kitzel, der sich in ihrer Mitte bündelte.

Pierre legte sich seitlich neben sie. Mit seinem Knöchel schob er ihre Beine ein Stück weit auseinander. »Es wird dir gefallen«, flüsterte er zitternd. Er atmete immer tiefer und lauter.

Nie hatte ihn Tina so erlebt. Kurz darauf führte er die Gummispitze in den schmalen Spalt zwischen ihren Pobacken. Das klebrige Gel war kalt. Tina bekam eine Gänsehaut.

Pierre spürte, wie sie sich wieder verspannte. Er hockte sich neben sie und legte seine Hand auf ihren Po. Vorsichtig ließ er das Spielzeug zwischen ihre Schenkel fahren.

Tina atmete unruhig. Ihr ganzer Körper war so sensibel auf eine Berührung vorbereitet und als die künstliche, pralle Eichel dann tatsächlich ihren inzwischen nassen, rasierten Hügel erreichte, seufzte sie laut.

»Er wird dir gefallen«, flüsterte Pierre. »Er ist schön breit und lang.« Mit festem Druck rieb er das Spielzeug an ihrem

Hügel. Er spürte, dass Tinas Anspannung nachließ, und merkte, dass sie feucht genug war, um ihn einzuführen. Er rutschte ein Stück weiter herunter, rieb den Dildo noch einmal bis zum Ansatz mit Gleitgel ein. Er wollte ihn ganz in ihr sehen. Dann tat er es. Er spürte, dass Tina sich erneut verkrampfte. Er spürte den Widerstand, als er das Spielzeug Millimeter für Millimeter in sie eindringen ließ.

»Komm schon«, sagte er jetzt fast verärgert. »Lass es mich tun.« Er schob ihr Bein weiter zur Seite, beugte sich hinunter, um sehen zu können, wie das Spielzeug tief in ihre Öffnung hineinfuhr. Ja, der Anblick törnte ihn an. Er bewegte ihn. Er imitierte sein eigenes Stoßen und wurde immer zügelloser. Und während Tina ihre Finger angestrengt und wild atmend in das Laken grub, schob er das Teil immer ein Stück tiefer in sie hinein.

»Das ist geil, Baby«, seufzte er. Der Dildo glänzte von ihrem Saft und es gab bei jedem Eintauchen ein schmatzendes Geräusch, was Pierre wahnsinnig machte. Er löste seine Hand von ihrem Rücken und führte sie erneut schnell über sein eigenes Glied. Ja, dieses Spiel machte ihn wahnsinnig. Er entlockte Tina die ersten angestrengten Laute, die ihn erst recht in Wallung brachten.

Jetzt wollte er mehr. Er ließ das künstliche Glied tief in ihr verharren, ließ es sie ganz ausfüllen, während er selbst sich aufrichtete. Mit seinem Daumen hielt er das Spielzeug an seinem Platz. »Dreh dich um«, sagte er.

Seine Stimme hatte einen Befehlston angenommen, der Tinas Lust noch steigerte. Schwerfällig drehte sie sich und spürte die Bewegung des Gummis in sich. Sie seufzte angestrengt. Und dann setzte Pierre sich erneut über ihren Bauch, doch diesmal hatte er ihr nicht das Gesicht zugewandt, sondern seine Rückseite. Er beugte sich tief hinunter. Tina ahnte, was er vorhatte. Ihr Herz begann erneut wild zu pochen. Das würde er nicht tun, oder? Doch er richtete seinen Unterkörper so aus, wie sie es vermutet hatte. Er führte sein Glied direkt über ihren Kopf. Nervös blickte sie auf seinen gefüllten Penis, der sich hart vor ihren Lippen aufrichtete.

Pierre stützte sich angestrengt auf, ließ sich dann herab und hielt sein Gewicht auf den Unterarmen. Er wartete darauf, dass sie sein Glied aufnahm, und setzte in der Zwischenzeit sein Spiel fort. Mit der freien Hand bewegte er wieder langsam das Gummispielzeug. Immer intensiver schob er es in sie, zog es wieder ganz heraus, sog den Duft ihres glänzenden Saftes ein und schob es wieder hinein. Er ließ sein Becken rotieren. Er war so erregt, dass er geneigt war, sich ohne ihre Zustimmung in ihren Mund zu schieben.

Doch dann tat sie es endlich. Zaghaft legte sie ihre Lippen um seine volle Eichel.

Er konnte nicht warten. Er stieß in ihren Mund und bewegte sich schnell und rhythmisch.

Sie rang nach Luft. Doch ihn so rasend und aufgebracht zu sehen, seine seufzenden, lauten Schreie aufzunehmen und dieses Spielzeug so tief in sich zu spüren, machte sie hemmungslos. Sie spreizte ihre Beine weit. Sie bewegte sich mit ihm, ließ ihr Becken wippen und zuckte wild zusammen.

Sie kam. Nie hatte sie so schnell den Höhepunkt erreicht.

Er triumphierte. Er ließ das Gummispielzeug los, ließ es aber in ihr verharren, zu geil war der Anblick. Und dann gab er alles. Schnell ließ er sein Becken stoßen.

Sie gewährte es ihm und das erste Mal spürte sie, wie sein heißer Saft sich in ihrem Mund verteilte, über ihre vollen Lippen lief. Sie hörte ihn schreien, wie sie es nie erlebt hatte.

Er sackte erschöpft und schwitzend über ihr zusammen, doch nach einer Weile sagte er: »Der Valentinstag ist noch lange nicht vorbei und ich muss dir noch mehr zeigen, wie ich dich brauche.«

Sein entschlossener, wilder Blick jagte Tina einen Schauer über den Rücken, den sie nie mehr missen wollte. Er hatte ihr ganz neue Türen geöffnet.

DoppelPenetration

»Komm, du gehst doch sonst nicht so oft zum Zahnarzt.«

»Na und, wenn ich ihn interessant finde? Vielleicht solltest du mir mal mehr Aufmerksamkeit schenken, dann würde ich mich auch nicht zu anderen Männern hingezogen fühlen.«

»Du bist unmöglich.«

Wütend drehte sie sich weg und zog sich die Bettdecke bis weit über die Brust.

Er beobachtete sie im Licht, das der Mond in ihr Apartment warf. Er liebte es, dass sie ohne Rollos oder Gardinen schlief, aber heute hatte er kein Auge für den nächtlichen Sternenhimmel vor dem Fenster. Er beobachtete nur sie. Er liebte es, wenn sie wütend war. Sie sah dann so naiv kindlich aus, was er ungemein anregend fand. Er wusste, sie würde ihn tagelang schmollen lassen, wenn er jetzt versuchte, mit ihr zu schlafen. Er widerstand dem Drang, würde aber ihrem Wunsch nach Aufmerksamkeit nachkommen.

Zum Valentinstag wollte er ihr eine Überraschung bescheren, die sie umhauen würde. Lange hatte er daran gearbeitet, hatte viel Überzeugungskraft aufwenden und sich in Geduld üben müssen, aber letztendlich hatte Miriam selbst dafür gesorgt, dass der Überraschung nichts mehr im Wege stand. Er wusste, er würde nicht nur ihr damit einen geheimen Traum erfüllen. Auch er selbst brannte darauf. Er musste das Ganze nur geschickt und langsam angehen.

Und so lag er die halbe Nacht aufgeregt wach und konnte den nächsten Morgen kaum erwarten.

Als es so weit war, weckte er sie zärtlich mit einem Kuss auf die Stirn. Doch sie schmollte noch immer, warf ihm einen wütenden Blick zu und zog sich die Decke übers Gesicht. Er schob seine Hand unter ihre Decke und streichelte liebevoll ihren Rücken. Sofort spürte er die Erregung, die ihre Nähe auslöste.

Wütend erhob sie sich und verließ schnaubend das Zimmer.

»Fröhlichen Valentinstag!«, rief er ihr nach. Er wurde panisch. Wenn er ihre Laune nicht schnell ändern konnte, würde die Überraschung ins Wasser fallen.

Er stand auf. Als er an sich herabsah, stellte er fest, dass er die besten Voraussetzungen für seine Überraschung mitbrachte.

Kurze Zeit, nachdem sie im Bad verschwunden war, hörte er das Wasser laufen. Er sah auf die Uhr. Nur noch eine halbe Stunde. Er hoffte, dass sein Plan nicht doch nach hinten losgehen und ihre Laune verschlimmern würde. Kurz entschlossen folgte er ihr ins Bad.

Unter der Dusche stehend, bemerkte sie sein Eintreten. »Was willst du?«, keifte sie.

Ruhig setzte er sich auf die Toilette und beobachtete sie. Er konnte nicht unterdrücken, was der Anblick ihres nackten Körpers in ihm auslöste.

Wütend stellte sie das Wasser heißer und sah triumphierend, dass die Scheibe der Dusche beschlug.

Dennoch konnte er ihre Umrisse erkennen, ihre schlanke Taille, ihr rotes, wallendes Haar, ihren üppigen Busen, über den sie ihre Hände rieb. Er spürte, wie seine Lust sich sammelte und sein Glied sich stark versteifte. Er musste aufs Ganze gehen.

Schnell schlüpfte er aus seinen Shorts, legte seinen Bademantel auf die Waschmaschine neben der Dusche und schaute noch einmal auf die Uhr. Er strich über sein Glied. Auf keinen

Fall wollte er diesen Traum aufgeben. Er öffnete die Dusche und trat zu ihr.

Wütend drehte sie ihm den Rücken zu und richtete den Duschstrahl bewusst auf sein Gesicht.

»He!«, sagte er und trat zur Seite. »Ich wünsche dir einen schönen Valentinstag, mein Schatz«, flüsterte er. Doch es änderte nichts. Sie stellte das Wasser ab und wollte an ihm vorbeiziehen. »He!«, sagte er noch einmal. »Du hast dich noch nicht gewaschen.« Verwegen lächelte er sie an.

»Nur weil du gerade geil bist, brauchst du nicht denken, alles ist wieder okay«, zischte sie.

Er stellte sich vor den Eingang der Dusche, verwehrte ihr das Austreten und stellte das Wasser wieder an. Heiß rann es über seinen Körper, über ihre nackten, wohligen Formen, und verstärkte den Drang in ihm, sie zu nehmen. »Es tut mir leid«, flüsterte er und versuchte, ihren Hals zu liebkosen. Ihre zarten Knospen hatten sich versteift, es war also keineswegs ausweglos.

»Lass das!«, sagte sie ernst.

Doch er ließ nicht locker, ließ seine Zunge über ihren Hals gleiten, während seine Hand die rosigen Spitzen ihrer Brüste suchte.

Erneut stellte sie das Wasser ab. »Lass mich durch«, sagte sie. Doch es war kein Durchkommen möglich.

Als sie sich an ihm vorbeidrängen wollte, umfasste er ihre Taille, presste sein Glied an ihren Bauch und genoss die Reibung, die bei ihrem wütenden Zetern entstand. »Würde es dir nicht gefallen, wenn ich dich jetzt hier in der Dusche nehme?«, flüsterte er. »Ich könnte dich erst schön einseifen, deine harten Nippel einreiben, schauen, dass jede Stelle schön feucht wird.« Er legte seine Hand auf ihren Po, griff fest zu und presste ihren Unterleib gegen sein pochendes Glied. Es machte ihn verrückt, ihre rasierte, blanke Haut an sich zu spüren.

Aber sein Versuch, ihre abweisende Haltung zu ändern, scheiterte. Er ließ sie los, versperrte ihr aber weiter die Tür.

Schmollend nahm sie ihr Shampoo, gab etwas davon auf ihre Hand und wusch sich die Haare.

Jens ging weiter aufs Ganze. Er tat etwas, das er noch nie zuvor getan hatte. Aber er hoffte, es würde sie erreichen. Er legte seine Hand um sein Glied und begann, es zärtlich vor ihr zu kneten, ließ seine Hand langsam auf und ab fahren und nahm dann auch die zweite zu Hilfe. Fest umklammerte er seinen Schaft, während er langsam seine Vorhaut bewegte und angeregt seufzte. Es musste sie erregen. Er konnte sich kaum noch halten.

Dann klingelte es an der Tür. Es war so weit. Erschrocken schaute er auf die Uhr. Sie sah ihn irritiert an.

Prompt stieg er aus der Dusche, schlüpfte in den bereitgelegten Bademantel und verschwand.

Miriam atmete auf. Sie wusste nicht, wie lange sie seinen Versuchen noch hätte widerstehen können. Sein wildes Handspiel hatte ihr doch ordentlich eingeheizt. Aber das würde sie ihm nie zeigen. Sie wollte sich weiter sauer geben und ihm eine Lehre erteilen. Sie wandte sich der Wand zu, stellte den Duschstrahl stärker ein und stellte sich vor, wie er sie tatsächlich unter der Dusche nahm. Zärtlich knetete sie das Shampoo ein und stellte sich vor, ihre Hände genauso knetend in seine Hoden zu graben. Sie seufzte. Wie sollte sie diesen gestellten Streit nur wieder beenden, ohne ihren Stolz zu verlieren? Sie spülte den Schaum aus ihren Haaren und drehte sich um.

Doch was sie da sah, ließ sie erschrocken aufseufzen. Jens war wieder im Bad, doch er war nicht allein. Er war da! Ihr Zahnarzt, von dem sie so oft geschwärmt hatte, was nicht weiter schlimm gewesen wäre, wenn sie nicht im Schlaf seinen Namen gerufen hätte.

Irritiert stellte sie sofort das Wasser ab, öffnete die Duschtür und griff nach ihrem Badehandtuch. Peinlich betroffen wickelte sie es sich um den Körper.

»Alles Liebe zum Valentinstag«, flüsterte Jens. Er öffnete seinen Bademantel und ließ ihn auf den Boden gleiten.

Miriams Wangen brannten feuerrot. Ihr wurde heiß. Entsetzt sah sie von ihrem nackten Mann zu ihrem Zahnarzt, der sie verwegen anlächelte. Was lief hier?

»Ich habe dir ein besonderes Geschenk mitgebracht«, flüsterte Jens und schob sie zurück in die Dusche. Er löste ihr Handtuch, nickte dem Zahnarzt verschwörerisch zu und stellte das Wasser wieder an.

»Was wird das?«, fragte Miriam leise. Sie verschränkte die Arme vor dem Körper, fühlte sich unendlich ausgeliefert. Sie sah, wie ihr Zahnarzt sich auszog. Erst knöpfte er sein weißes Hemd auf, zeigte seinen trainierten, weißen Oberkörper, dann zog er fast zitternd seine Jeans herunter und ließ den schwarzen Slip folgen.

Miriam konnte ihren Blick nicht abwenden. Sie sah das versteifte Glied ihres Zahnarztes und wusste, was Jens geplant hatte. Sie funkelte ihn böse an, doch er trat hinter sie, um dem fremden Mann Platz zu machen.

»Sei unbesorgt, mein Schatz. Ich will es und es wird dir gefallen.«

Miriam war sprachlos. Sie spürte, wie sie die wilden, forschenden Blicke ihres Zahnarztes erregten. Wie oft hatte sie vom Liebesspiel mit ihm geträumt, während sie auf seinem Zahnarztstuhl gelegen und er seine Finger in ihren Mund geschoben hatte.

Zögernd gesellte er sich zu ihnen, schloss die Tür und lächelte Miriam an. »Hm, Lust auf eine besondere Behandlung mit mir?«, flüsterte er.

Jens legte erneut seinen Arm fest um Miriams Taille. Er schob sie vor, als würde er sie dem Zahnarzt anbieten, der seine Frau schon mit seinen Blicken aufsog. Dessen Glied stand seinem in nichts nach. Er hatte fast den Eindruck, dass es sogar dicker war. Doch es war ihm egal. Sie würden beide nicht zu kurz kommen.

Gierig strich der Zahnarzt über ihre Stirn. »Öffne den Mund. Ich muss schauen, ob alles in Ordnung ist«, sagte er.

Hilflos sah Miriam zu Jens. Sie war vollkommen überwältigt von dem, was geschah. Nie hätte sie Jens das zugetraut. Sie war verdammt angespannt und erregt. Eingekreist von den beiden Männern in der engen Kabine, wurde ihr fast schwindelig.

Der Zahnarzt legte ihr die Hand aufs Kinn und zog zärtlich ihre Lippen auseinander. Liebevoll schob er seinen Finger in ihren Mund, doch diesmal nicht prüfend wie in seiner Praxis, sondern zärtlich. Er bewegte seinen Finger und imitierte das Stoßen eines Gliedes. Das Spiel erregte ihn ungemein. »Das müssen wir unbedingt weiter ausbauen«, flüsterte er zärtlich, beugte sich vor und grub seine Lippen fast schmerzlich in ihren Hals.

Jens schob sich hinter Miriam. Fest presste er seinen Unterleib an sie. Er vibrierte, er wollte es. Doch er wollte das Spiel. Wollte es ganz und gar auskosten. So nickte er dem Zahnarzt zu, legte seine Hände auf Miriams Schultern und drängte sie hinunter auf die Knie.

Willig ließ Miriam es geschehen. Sie bebte. Ihr Herz raste. Ihr ganzer Körper pulsierte. Was in ihr brannte, war mehr als Verlangen. Die Situation reizte sie, mehr als sie es sich je vorgestellt hatte. Sie spürte, wie ihre Lust ihre Grotte vibrieren ließ. Sie ließ ihren Po auf ihre Unterschenkel sinken, sah an sich herab, sah, wie der letzte Schaum aus ihren Haaren über ihre harten Knospen lief, und sah zu ihm auf, wie er gierig wartete, dass sie handelte. Dann sah sie auf sein Glied. Der Anblick machte sie rasend. Dicke Adern durchzogen den strammen Schaft und verfärbten ihn bläulich, während seine wulstige Eichel rosa glänzte. Seine Hoden waren stramm und breit und blank rasiert.

»Nimm ihn!«, befahl er, wartete nicht auf ihre Reaktion und schob ihn langsam in ihre warme Mundhöhle. Während sie gierig in sein Spiel einstieg, sein Glied mit beiden Händen fest umklammerte und sinnlich ihren Kopf bewegte, stöhnte er auf.

Miriam genoss es, dass Jens zusah.

Es gefiel ihm und er kniete sich neben sie und begann erneut, sich mit seiner Hand selbst zu verwöhnen. Er richtete sich auf, hielt sein Glied dicht neben ihren Kopf und animierte Miriam dazu, auch sein Glied zu verwöhnen.

Sie hielt inne. Sah auf und registrierte den Blick des Zahnarztes, der ihr zunickte. Auch Jens drang nun in ihren Mund ein. Abwechselnd ließ Miriam ihre Zunge erst über die Eichel von Jens und dann über die des Zahnarztes kreisen. Die beiden Männer brannten vor Lust. Ihr wildes Seufzen törnte Miriam ungemein an.

Doch dann zog der sonst so sanfte Zahnarzt sie energisch am Arm hoch. »Ich will dich«, sagte er drängend.

Jens richtete sich auf. Er wollte sehen, wie er es mit ihr tat. Sein Glied pochte wild. Es war ein ungemein geiles Spiel.

Der Zahnarzt zog Miriam an sich. Mit festem Griff hob er ihr Bein an und grub seine Finger schmerzlich in ihr Fleisch. Er konnte es nicht erwarten, in sie zu dringen. So presste er sein Glied an ihre gespreizten Schenkel, hielt sie fest in seinem Arm und seufzte laut auf, als seine Eichel sich langsam in ihre Enge schob.

Wild grub Miriam ihre Nägel in seine starken Schultern. Dann spürte sie Jens' Hände auf ihrem Po. Er rieb ihn, hob ihn und schob ihn dem Zahnarzt entgegen. Wollte, dass er noch tiefer in sie eindrang.

Der Arzt stieß sie. Ließ Miriam wimmern. Gab ihr seine ganze Lust.

Miriam brannte. Sie spürte die heißen Schübe, die er ihr wieder und wieder gab, und dann spürte sie, wie Jens sein Glied massierend an ihrem Po rieb. Er spreizte ihn, schob ihre Backen auseinander und rieb seine Eichel an ihrem Fleisch.

»Was hast du vor?«, wimmerte sie.

Jens versuchte, sein Glied in ihren Po zu schieben.

»Das geht nicht«, keuchte Miriam vor Lust, während der Zahnarzt weiter seine wilden Schläge austeilte.

Es törnte ihn an, zu sehen, wie Jens in ihren Po dringen wollte.

Und er tat es tatsächlich. Einen kurzen Moment lang schob er sich in sie, genoss die ungewohnte Enge und seufzte tief, ehe sich Miriam abwandte.

Der Zahnarzt ließ sie los. Entschlossen öffnete er die Duschtür. Er zog Miriam heraus und zwinkerte Jens zu.

Irritiert sah Miriam die beiden Männer an, die genau zu wissen schienen, was sie jetzt mit ihr vorhatten. Jens' Kopf war hochrot. So hatte Miriam ihn noch nie gesehen. Er brannte vor Lust und wollte seine Raserei ausleben. Der Zahnarzt richtete sich vor Miriam auf. Sie liebte es, dass er fast zwei Köpfe größer war als sie. Er strahlte trotz seiner Hemmungslosigkeit noch immer eine ungemeine Autorität aus. Er lächelte und führte Miriams Hände an seine Hüften. Miriam wunderte sich. Was hatte er vor? Doch schon trat Jens hinter sie. Er legte seine Hand auf ihren Rücken und beugte sie hinunter. Er wollte, dass sie den Zahnarzt noch einmal mit dem Mund verwöhnte.

Doch der Zahnarzt kam ihr zuvor. Er schob ihre lange, rote Mähne aus dem Gesicht, legte ihren Kopf ein wenig zur Seite und schob sein bebendes Glied in ihre warme Mundhöhle. Ja, es gefiel ihm. Laut seufzend bewegte er sich in ihr und sog ihren hilflosen Blick auf, während er immer intensiver und schneller vorstieß.

Jetzt kam Jens erneut ins Spiel. Er zog ihren Po an sich und schob seine Eichel erneut zwischen die engen Backen. Miriams Mund war gefüllt, sie konnte ihm nicht widersprechen, und so schob er sich erneut in die ungewohnte Enge. Er verharrte in ihr, spürte, wie sein Glied gegen die nasse Wand ihres Körpers stieß, vibrierte und nach mehr verlangte. Sanft und zärtlich bewegte er sich. Er spürte, dass Miriam sich verkrampfte, doch je mehr er sich bewegte, desto mehr entspannte sie sich wieder, er sah sogar, wie sie sich ihm weiter entgegendrängte. Ja, er würde ihrem Wunsch nachkommen! Und so widmete er sich jetzt abwechselnd der ungewohnten, bebenden Enge und ihrer so gewohnten, nassen Grotte. Es machte ihn wahnsinnig, dabei zu sehen, wie das Glied des Zahnarztes in sie stieß, wie schließlich sein Saft über ihre Lippen rann. Und als Miriam sich wild aufbäumte, gab er ihr auch seinen.

Zitternd fragte er: »Und, hat dir mein Valentinsgeschenk gefallen?«

Der Zahnarzt zwinkerte ihr zu.

Seufzend gab sie zurück: »Valentinstag sollte jeden Tag sein.«

»Oh ja«, seufzte der Zahnarzt und Jens lächelte verwegen.

»Abgemacht. Wir zelebrieren jeden Tag den Valentinstag«, beschloss er und gab Miriam einen festen Klaps auf den Po.

SCHOKOKÜSSE - SÜSS, KLEBRIG UND GEIL

Sie legte nicht viel Wert auf diesen Valentinstag. Sie wusste, dass sie auch diesen Abend wie schon so oft allein zu Hause verbringen würde, da Martin lange arbeitete.

Als sie die Stufen zu ihrer Wohnung hinaufstieg, freute sie sich auf ihre Badewanne. An so einem grauen Tag war das genau das Richtige, um ihre Laune aufzuhellen. Dazu würde sie sich die teuren Duftkerzen anmachen, die Martin als sinnlose Ausgabe bezeichnet hatte.

Zügig drehte sie ihren Schlüssel im Schloss herum. Und war positiv überrascht. Martin war da! Er stand in der Küche, trug sein bestes weißes Hemd und sogar die schwarze Stoffhose, in der sie ihn verdammt sexy fand.

Er hatte ihr Eintreten nicht bemerkt. Die ganze Küche war erfüllt von dem Duft seines Aftershaves. Sie liebte diesen Duft und er sorgte sofort für eine wohlige Gänsehaut. Martin hatte ihr den Rücken zugewandt und sie sah, dass er sich gestylt hatte, wie sie es mochte. Das schwarze, längere Haar hatte er mit Gel in eine wilde Frisur verwandelt, die ihn noch heißer aussehen ließ.

Jasmins Herz schlug aufgeregt. Sie stellte sich seine starken Arme unter dem feinen Hemd vor, seine weiche, duftende Haut. Eine Gänsehaut breitete sich auf ihrer Haut aus. Ihr wurde warm ums Herz, als sie sah, welche Mühe er sich gemacht hatte. Er konnte nicht kochen, aber auf dem Tisch stand ein großer Teller, auf dem er verschiedene Häppchen vorbereitet hatte. Sie sah Obst, Feigen eingerollt in Schinken und Käsestückchen in Herzform. Sie war entzückt. Es war das erste Mal seit ihrer Heirat, dass er ihr eine Überraschung zum Valentinstag machte.

Endlich bemerkte er sie. Seine dunklen Augen strahlten, als er sie ansah, obwohl sie vom langen Arbeitstag wahrlich abgekämpft aussah. Ihr langes blondes Haar klebte strähnig an ihrem Kopf, ihr Make-up wirkte schmierig und ihr grauer Rollkragenpullover roch auch nicht mehr frisch. Es war halt ein langer Tag im Büro gewesen.

Martin lächelte. »Willkommen zu Hause«, sagte er, trat auf sie zu und nahm sie herzlich in den Arm. Liebevoll küsste er ihre Wange.

Jasmin war überrascht über die Reaktion ihres Körpers auf diese herzliche Geste. Sie spürte, dass ihre Wangen glühten und sie rot wurde, fast wie ein junges Mädchen bei ihrem ersten Date. Dieses Gefühl hatte sie bei Martin lange nicht mehr gehabt. Sie roch intensiv an seinem Hals, sog den Duft seines Aftershaves ein und umgab sich mit seiner liebevollen Wärme.

»Ich dachte mir, so ein Valentinstag ist ein guter Anlass, um dich zu überraschen«, sagte Martin unbeholfen und wandte sich wieder der Anrichte zu, wo er begann, ihre teuren Teelichter aufzureihen. Es brachte Jasmin zum Schmunzeln, seine starken Finger nervös an ihren Kerzen zu sehen. »Ich bin gleich für dich da«, sagte er verschwörerisch lächelnd und verschwand in Richtung Flur. Die Kerzen nahm er mit.

Seit Langem hatte Jasmin sich nicht mehr so gefühlt. Sie war aufgeregt in Martins Nähe. Ihr Bauch kribbelte und ihr Herz sprang vor Freude über die Aufmerksamkeit, die er ihr schenkte, und die liebevoll angerichteten Häppchen. Sie schüttelte lächelnd den Kopf. Was hatte er mit den Kerzen vor? Verspielt nahm sie einen der Käsespieße vom Teller, löste die obere Weintraube und steckte sie in den Mund. Vielleicht hatte sie Martin Unrecht getan. Vielleicht war es wirklich nur der Job, der ihm die Zeit raubte, die er früher ihr geschenkt hatte. *Valentinstag*, dachte sie. *Er hat wirklich daran gedacht.* Sie freute sich darüber, dass er an diesem Abend die Arbeit Arbeit sein ließ.

Und dann kehrte er in die Küche zurück. Die obersten beiden Knöpfe seines Hemdes waren geöffnet. Jasmin sah, dass er sich frisch rasiert hatte. Es war kein Haar mehr auf seiner Brust. Sie liebte es, wenn seine Haut glatt und seidig war, und verspürte fast den Drang, ihre Hand unter sein Hemd zu schieben und sie zu erfühlen.

Seine Augen blitzten, als er nun unruhig vor sie trat. »Mein Schatz ist nervös«, sagte er lächelnd.

Jasmin runzelte prompt die Stirn. »Warum?«

Er strich liebevoll über ihre Wange. »Du glühst.« Seine Finger fuhren ihren Hals hinab, bohrten sich unter ihren Rollkragen.

Jasmin spürte, wie sich die Wärme nicht nur in ihren Wangen ausbreitete. Dieser verdammt attraktive, gut riechende Mann wusste noch immer, wie er sie nervös machen konnte. Sie lächelte verlegen. »Ich bin etwas überrascht«, sagte sie dann.

»Und ich möchte dich noch mehr überraschen«, flüsterte er leise, ließ dabei gekonnt seine Unterlippe über ihr Ohr gleiten und freute sich über die erneute Gänsehaut, die er ihr bescherte. Er wusste, dass sie sein heißer Atem verrückt machte. »Ich habe ein Geschenk für dich«, flüsterte er weiter, ließ seine Zunge flüchtig ihr Ohrläppchen berühren.

Jasmin sah, dass seine Halsschlagader weit hinaustrat, und spürte das Beben seines Herzens. Und es war nicht das Einzige, das bebte. Sie spürte das Verlangen, das von ihm ausging. Sie hatte es lange nicht mehr gefühlt.

Zärtlich führte er seine Hand an ihre Hüfte, drängte seinen Unterleib pulsierend an sie.

Jetzt sah sie, dass er ein kleines schwarzes Päckchen in den Händen hielt. Jasmins Herz pochte immer schneller. Er hielt tatsächlich noch mehr für sie bereit. Sein fester Griff sorgte dafür, dass sich ein wohliges Kribbeln in ihr ausbreitete, das nach mehr verlangte. Und sie versuchte zu spüren, ob es ihm genauso ging, war sich jedoch fast sicher, als sich sein pochendes Glied an sie drängte.

»Pack es aus«, flüsterte er und ließ seinen heißen Atem in ihr Ohr dringen.

Das bewirkte, dass sich dieses aufkommende Verlangen in Jasmins Schoß bündelte.

Martin übergab ihr das kleine Päckchen, trat zurück und verschränkte die Arme vor dem Körper, sodass der dünne Stoff des weißen Hemdes gespannt über seinen trainierten Armen lag.

Jasmin sah, dass sich sein Oberkörper beim Atmen immer intensiver hob und senkte. Er beobachtete sie und wartete auf ihre Reaktion, während Jasmin lächelnd, unruhig und etwas zögernd die rote Schleife von dem Geschenk entfernte und das schwarze Papier abzog. Vorsichtig öffnete sie die Schachtel. Irritiert starrte sie auf den Inhalt, der ihren Herzschlag beschleunigte und sie noch unruhiger werden ließ.

»Hol es raus«, sagte er mit einem tiefen, fordernden Ton.

Zögernd nahm Jasmin den grünen, dünnen Stoff in die Hand. Sie zog ein hauchdünnes, dunkelgrünes Negligé heraus, dessen Spitze so seidig und zart gearbeitet war, dass es sicher alles zeigte, wenn man es trug. Sie hatte sich nie so in Schale geworfen, vielleicht fehlte ihr dafür einfach der Mut. Und doch erregte sie die Vorstellung, wie sie darin wohl aussehen würde. Unbeholfen und nervös drehte sie sich um und legte die Verpackung auf den Küchentisch.

Ruckartig und energisch umklammerte Martin ihre Hüfte und ließ sie kurz aufschrecken. Fest presste er seinen Körper an sie und wieder ergriff sein heißer Atem in ihrem Nacken Besitz von ihr. Der wohlige Schauer in ihr wandelte sich zu heißer, glühender Lava, die sich dort bündelte, wo sie jetzt deutlich sein verhärtetes Glied spüren konnte.

Er drängte sich so fest an sie, dass er sie ganz an die Kante des Tisches schob. Tief seufzend flüsterte er: »Zieh es an für mich. Ich verschwinde im Bad und erwarte dich gleich darin.« Er löste sich von ihr.

Irritiert drehte sich Jasmin um und sah, wie er ihr noch einmal zuzwinkerte und tatsächlich im Bad verschwand. Sie war unendlich nervös. Ihre Hände waren nass und schwitzig.

Ihr Herz bebte und sie spürte, dass sie deutlich erregt war. Vorsichtig strich sie über die dünne grüne Spitze. Sie wusste, sie musste es anziehen. Er wartete auf sie. Prompt zog sie ihren Pullover über den Kopf, ließ die Jeans, ihren schwarzen BH und das Spitzenhöschen folgen. Sie spürte deutlich, wie feucht ihr Höschen war. Martin hatte halt eine unglaubliche Wirkung auf sie. Nervös stieg sie in das kleine Kleidchen und strich es zärtlich über ihren Körper. Es saß eng und doch fühlte es sich unglaublich gut an, wie eine zweite Haut, die sie sanft kitzelte, wenn sie sich darin drehte. Sie strich ihr langes, blondes Haar in den Nacken und spürte, wie sie ihr eigener Anblick erregte. Sie sah durch die dünne Spitze ihre deutlich erhärteten, dunklen Knospen und ihre spärliche dunkle Schambehaarung. Wohlig strich sie über ihren vollen Busen und bemerkte nicht, dass Martin schon an den Türrahmen gelehnt dastand und sie beobachtete.

Er räusperte sich und lächelte noch verwegener. »Komm zu mir!«, sagte er fordernd. Er vermied es, sie anzusehen, griff energisch nach ihrer Hand und zog sie vor die Badezimmertür.

Irritiert ließ Jasmin sich von ihm führen. »Gefällt es dir nicht?«, fragte sie verlegen, obwohl sie deutlich die Ausbuchtung in seiner Hose erkennen konnte, die sich zu bewegen schien.

»Oh doch«, sagte er energisch, schob Jasmin fest gegen die Tür und presste sein ganzes Körpergewicht erneut an sie. Wild strichen seine Hände über ihre Taille, krallten sich in ihr Fleisch. Er seufzte tief. Sein Kopf errötete und Schweiß trat auf seine Stirn. »Aber bevor ich dir zeige, wie es mir gefällt, zeige ich dir meine Überraschung.«

»Ich dachte, das wäre die Überraschung.«

Er lachte sie verschwörerisch an, löste sich von ihr und flüsterte: »Geh hinein. Ich bin gleich wieder bei ihr.« Wieder verschwand er in der Küche.

Jasmin öffnete die Tür. Ihr Herz überschlug sich, als sie seine Überraschung sah. Er hatte im ganzen Bad ihre angezündeten Teelichter verteilt. Es roch süßlich und das liebliche Kerzenlicht hauchte dem Bad eine sinnliche Atmosphäre ein. Das Rollo war heruntergezogen, sodass der Raum wirklich nur durch das Kerzenlicht erhellt wurde. Dann sah sie es. In der großen Eckbadewanne wartete ein heißes Bad aus Schokolade auf sie. Sie schüttelte überrascht den Kopf.

Als er eintrat und ihr Lächeln sah, wusste er, dass seine Überraschung gelungen war. »Hinein mit dir«, sagte er, ebenfalls lächelnd.

»Du bist verrückt«, sagte Jasmin strahlend. Zaghaft schob sie das Negligé über ihre Hüften.

»Nein, lass es an!«, sagte er prompt. Sein Blick hatte jetzt etwas Wildes an sich. Er öffnete sein Hemd zwei Knöpfe weiter, während er noch einmal zu ihr sprach: »Steig so hinein, wie du bist. Du siehst verdammt heiß aus.«

»Du bist wirklich verrückt.« Lächelnd drehte Jasmin sich der Wanne zu. Sie hatte noch nie in Schokolade gebadet.

Während sie so zögernd dastand, musste er dem Drang widerstehen, sie einfach von hinten zu nehmen.

Schließlich stieg sie hinein und ließ ihren fleischigen Körper langsam nach unten gleiten. Sie seufzte laut. »Das fühlt sich verdammt gut an«, flüsterte sie. Die Schokolade war dünnflüssig, heiß und doch fühlte es sich ungewohnt gut an. Sie rutschte tief hinein in die warme Masse. Ihr wippender Busen sank in das braune Bad. Dann tauchte sie wieder ein Stück weit auf.

Das grüne Negligé war vollkommen beschmiert und dieser Anblick gab ihm den Rest. Er würde es nicht mehr lange aushalten. Zitternd reichte er ihr ein Häppchen von dem Teller, den er aus der Küche geholt hatte. Zärtlich ließ sie ihre Zunge über das kleine Käsestück am Ende des Spießes kreisen. Jetzt spielte sie mit ihm.

Aber er konnte kein Spiel ertragen. Prompt entriss er ihr den Spieß wieder.

»He!«, rief sie lächelnd, »gönnst du mir den nicht?«

Er fuhr mit seinem weißen Hemd in die braune Masse und umfasste knetend ihren Busen. »Du bist so heiß, Baby!«, seufzte er. Er spürte ihre erhärteten Spitzen und umspielte sie mit seinem Finger. »Kleine, harte Knospen«, flüsterte er.

Sein wilder Blick sorgte bei ihr für einen erneuten wohligen Schauer, der bis in ihre Mitte rann. Sie grinste verlegen.

Martin setzte sich auf den Wannenrand. Er wollte sie, und zwar sofort. Aber er unterdrückte seine Lust. Stattdessen tauchte er seine Finger noch einmal in das Wannenbad, ließ sie zärtlich über ihren Hals gleiten, beugte sich hinunter und folgte der braunen Spur an ihrem Hals mit der Zunge.

»Und, wie gefällt dir, was ich trage?«, neckte sie spielerisch weiter.

Er leckte über ihr Ohrläppchen, langsam und sinnlich, und flüsterte: »Möchtest du es sehen?«

Fragend sah Jasmin ihn an. Sie versank ganz in der Wildheit seiner dunklen Augen.

Er richtete sich auf und öffnete seine Hose einen Spalt weit. Dann zögerte er. Er war der bessere Spieler. Erneut tauchte er seine Hand in die warme Masse, streifte ihren Bauch und schob ihre Schenkel auseinander.

Jasmin bebte. Sie verlangte danach, dass er sie berührte. Sie verlangte nach ihm. Doch er fuhr nur flüchtig über ihre Scham. Er neckte sie und ließ seine Hand wieder auftauchen, ehe er seinen beschmierten Finger zärtlich in ihren Mund schob.

Sinnlich lutschte Jasmin an der warmen Schokolade.

»Oh ja, das gefällt mir«, seufzte er und stand auf. »Aber

ich glaube, das gefällt mir noch mehr.« Er öffnete nun seine Hose ganz und befreite sein Glied, das tatsächlich stramm nach ihr gierte.

Jasmin spürte das wilde Pulsieren zwischen ihren Schenkeln, das sich beim Anblick der wulstigen, erröteten Eichel verstärkte, auf der sich deutlich erste Lusttropfen abgesetzt hatten. Er hob seine Hoden aus seinen schwarzen Shorts und Jasmin sah erstaunt, dass er sich das erste Mal komplett rasiert hatte. Er beugte sich hinunter und führte Jasmins Kopf energisch an sein bebendes Glied.

Jasmin verstand. Zärtlich legte sie ihre Schokoladenhände um den strammen Schaft. Verführerisch umschloss sie die klebrige Eichel mit ihren Lippen, sah ihn an und begann dann ein langsames, quälendes Spiel, das ihn tief und unruhig seufzen ließ. Sie ging viel zu zärtlich mit ihm um, obwohl sie wusste, dass er es viel wilder brauchte. Sie liebte es, ihn zu reizen. Erneut tauchte sie ihre Hände in die klebrige Schokoladenmasse und rieb mit ihr sein Glied ein. Schnell bewegte sie seine Hand und genoss seinen gierigen Blick. Wie er sie ansah, während sich ihr voller Busen in dem grünen, beschmierten Negligé bewegte, während sie seinen Schaft bearbeitete und seine Hoden wild wackeln ließ!

Er riss ihre Hände von sich. »Steh auf!«, forderte er. Nie hatte er so einen tiefen Ton in der Stimme und einen so ernsten Gesichtsausdruck gehabt.

Jasmin erhob sich. Die braune Masse rann von ihren Schenkeln herab.

»Dreh dich um!«

Jasmin lächelte verwegen, während sie sich drehte und zärtlich das Negligé hinaufschob.

Er wollte sie nehmen. Und er tat es, ehe sie sich recht aufstützen konnte. Er zog ihren Po fest an sich, schob sein Glied zwischen ihre strammen Schenkel und stach in sie.

Jasmin stöhnte laut auf. Nie hatte sie ihn so rasend erlebt. Seine Finger krallten sich fest in ihr Fleisch, während seine Eichel wieder und wieder in sie eintauchte. Er füllte sie ganz und gar aus und drängte sich immer weiter vor. Sein heißer Atem wurde immer schneller und heftiger und auch seine Stöße gewannen an Macht.

Er sah hinunter und der geile Anblick ihres beschmierten Pos, den er weiter auseinanderschob, um tiefer und tiefer in ihre inzwischen so nasse Mitte vorzudringen, gab ihm den letzten Kick. Ungestüm kam er in ihr, während er mit seinem Finger wild reibend die Schokolade über ihrem zitternden Hügel verteilte und ihr einen ungewohnt klebrigen Höhepunkt bescherte.

»Einen schönen Valentinstag, mein Schatz«, flüsterte er, während sein Glied noch immer in ihr pochte.

Nicht verpassen: kostenlos per Post ...

»Geiles Speed-Dating«

Die erotische Zusatzgeschichte

Schneide Dir die Postkarte aus
und schicke sie ausgefüllt zurück!

☐ Ja, ich möchte am iPad-Gewinnspiel teilnehmen.

☐ Bitte schicken Sie mir die kostenlose Internet-Story »Geiles Speed-Dating« ausgedruckt per Post an meine folgende Adresse.

☐ BUCH-ABO / E-BOOK-ABO: Sie erhalten jedes neue Buch versandkostenfrei direkt und unverbindlich zugeschickt und zahlen bequem per Lastschrift oder Rechnung. Bei Nichtgefallen können Sie es einfach zurückschicken! Dies ist kein Club, kein Kaufzwang!

Name, Vorname ☐ Herr ☐ Frau

Straße, Hausnummer

PLZ, Ort

Land Geburtsdatum

E-Mail (für aktuelle Informationen)

Wie haben Sie von diesem Buch erfahren?

Wo haben Sie dieses Buch gekauft?

Infos zur Datenverarbeitung unter: blue-panther-books.de/de/datenschutz.html

Josie Richwood - Feuchte Geilheit | 5. Auflage | JRW12 | 2855

Bitte freimachen falls Marke zur Hand

Antwort

blue panther books
Osterfeldstr. 12-14 | Haus 1 | Nord
22529 Hamburg
Deutschland / Germany